图书在版编目（ＣＩＰ）数据

美高招生办主任手记 / 冯宜勇著. -- 北京：团结
出版社，2020.5
　　ISBN 978-7-5126-7589-6

　　Ⅰ．①美… Ⅱ．①冯… Ⅲ．①高中－留学教育－概况
－美国 Ⅳ．①G639.712.8

　　中国版本图书馆 CIP 数据核字(2019)第 277169 号

出　版：团结出版社
　　　　（北京市东城区东皇城根南街 84 号　邮编：100006）
电　话：（010）65228880　65244790　（出版社）
　　　　（010）65238766　85113874　65133603（发行部）
　　　　（010）65133603（邮购）
网　址：http://www.tjpress.com
E-mail：zb65244790@vip.163.com
　　　　fx65133603@163.com（发行部邮购）
经　销：全国新华书店
印　装：三河市东方印刷有限公司

开　本：170mm×240mm　　　16 开
印　张：21
字　数：302 千字
版　次：2020 年 5 月　　第 1 版
印　次：2020 年 5 月　　第 1 次印刷

书　号：978-7-5126-7589-6
定　价：58.00 元

The Journal of
American High School
Admissions Director

美高招生办主任手记

冯宜勇 著

团结出版社
UNITY PRESS

作者与美国前总统白宫发言人Mr. Ari. Fleischer探讨
中美教育文化

作者与美中关系全国委员会副主席Jan Berris（白丽娟）
畅谈中美文化交流

作者与CHS校长Modarelli博士及国际部主任谈私立学校管理

作者与Phillips Exeter Academy前大学升学主任、
现St. Luke's校长以及华东师大外院前院长探讨中美教育

John Briggs, Curtis Camp,

作者参加ACIS法国巴黎年会

REGISTRATION

TAIS global symposium

We glad you came!

作者在罗德岛参加美国寄宿学校全球论坛

JV BOYS TENNIS

Coach: Yiyong Feng
kker, Bilal Memon, Andrew Patty, Michael Pizzani, Robert
mock, Chris Walsh

作者在康州美高兼任网球教练

作者与西点军校教授、前石溪中学校长Thad A.Gaebelein在中国徐州演讲后的合影

作者在上海金茂董事会议室进行留美讲座后与部分嘉宾的合影

作者与St. Luke's同事的合影

作者给北京的留学顾问普及美高知识

作者为申请VA（佛蒙特学院）的北京家长答疑解惑

作者作为招生办主任面试中国优秀学生

作者带领美高与上海东昌中学的交流

作者带领美国学生游览西安

作者带领美国学生参观中国香港

美国十所一流寄宿学校招办主任2019年亚洲之行

作者在中美顶级学校峰会上与IECA创办者交流

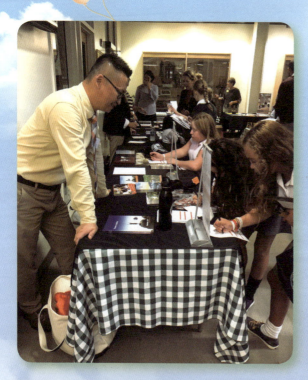

作者在2018美国私立高中展会上

作者在2019年美国加拿大英国瑞士私立高中招生办主任仰光演讲会上

Dedicated to William Feng,
my greatest teacher who
always glows in my eyes!

ABOUT THE AUTHOR

Mr. Feng has come to be known as an "Admissions Guru" through his extensive admissions consulting work and popular publications such as Director of Admissions Journal. Mr. Feng has emerged as a leading expert and consultant in selective private High School and College admissions. He has been featured in newspapers, education companies, and online media. As a graduate of Boston University and former Assistant Professor in Shanghai, Mr. Feng is rare in that he has unique experience and knowledge of education in both the United States and China.

For over seventeen years, Mr. Feng has served in various roles such as Director of Asian Regional Admissions, Director of International Program, and advisor to faculty in several private schools. Currently he is the Director of International Admissions at Vermont Academy (VA) and Co-Director of the International Program.

Incorporating his vast experience and "inside perspective," that bridges Asia and America, Mr. Feng has crafted a unique method for assisting international students in gaining admission to the most selective American private High Schools and Colleges. Additionally, Mr. Feng has been instrumental in helping various American private schools, most recently St.Luke's School, Christian Central Academy, Vermont Academy, and The Stony Brook School in gaining greater access to the Asian market and improving their selection of excellent applicants.

For the past six years, Mr. Feng has also served as the President of New York Global Consulting Group LLC. Over the years, his speeches, broadcasting over various medias, books and other publications combined with his consulting services have helped hundreds of students gain admission to their top-choice private schools and colleges in America.

Thad Gaebelein

Former Head of three American private schools including Stony Brook School;
Former Professor at West Point;
American bestselling books writer and educator

关于作者

  冯先生是负责美国一流私立高中及大学招生录取工作的领军人物和高级顾问，拥有二十多年极其丰富的留美申请经验，发表过很多有关美国教育的热门文章，这次他把二十年来的经验汇聚成《美高招生办主任手记》一书。许多报纸、教育公司、网络媒体对他都做过多方面的采访和报道，在业界享有"美高教父"之称。作为波士顿大学的硕士毕业生，他早年曾任教于上海华东师范大学的外语学院。冯先生是我多年来所见到的真正精通中美两国教育、有着独特的两国教育工作经历、为数不多的中美教育学家。

  在美国的整整十七年中，冯先生曾先后在美国教育领域担任过招生办亚洲区主任、国际教育部主任、若干所私立学校的顾问和教师等。冯先生现任佛蒙特学院的招生办国际部主任。

  冯先生凭借丰富的工作经验，并结合 "招生办圈内人士"的独特视角，将亚洲教育和美国教育融会贯通，创造出了一整套独特的方法，帮助国际学生获得美国一流私立高中和大学的录取。此外，冯先生还帮助多所美国私立学校（其中包括St.Luke's学校、中央基督学院、佛蒙特学院、纽约长岛石溪中学等等）更好地进入亚洲，遴选优秀学子，并改善他们对优秀申请人的选择标准。

  在过去的六年里，冯先生还担任纽约环球咨询集团的首席顾问。多年来，他的演讲、在各种媒体的讲座、书籍和其他出版物以及他的咨询服务，已经帮助了数百名中国学生进入美国顶级私立中学和大学。

  ——Thad Gaebelein，三所美国私立学校的前校长（包括纽约长岛石溪学校）、

西点军校教授、美国畅销书作家和教育学家

序　言

　　本书内容基于笔者在美国两所知名高中（一所走读 K12 学校高中部，一所寄宿高中）做招生办主任 5 年的经历、担任纽约环球（教育）咨询集团有限责任公司首席顾问 6 年的经历、在一家美国顶级贵族高中任教并负责国际项目 10 年的经历，以及在中国和美国高校任教并和哈佛、耶鲁等大学的教授多年一起工作交流的沉淀。

　　由于工作的原因，笔者亲自读过上千位高中以及大学申请人的材料，也为上百个学生写过推荐信，面试过来自亚洲、欧洲、北美、南美、澳洲以及非洲的几百名申请美高的学生，参加过北美、欧洲和亚洲几十个国际教育会议，跟上百位美国著名高中的招生办主任和校长深度交流过，亲自考察过美国上百所著名高中和大学，也走访过世界几十个国家的教育机构。而本书最重要的一点是作者能够从招生办主任以及大学录取委员会成员的角度，为中国的学生分享美国高中申请和录取的第一手材料。

　　笔者每次出差或者探亲回到国内，身边无数有留学美国适龄孩子的亲戚、同学和朋友都会问很多问题，笔者也会重复告诉他们问题的答案，反复地纠正国内的一些包括信息不对称、各种机构的误导等原因给准备留学美国的家庭造成的误区。这次笔者毫无保留地把所有的事实真相写在这本书里，算是在中美之间做了 20 多年的教育工作后对社会的一种回馈。

这本书的出版将揭开留学美国高中的神秘面纱，颠覆国内普通的留学公司甚至英语培训机构的一些理念，赋予意欲留学美国的家庭以前所未有的知识和技能，简化留学美国的手续，最直接最有效地帮助有留学美国打算的家庭！

在此，我十分感谢北京团结出版社张阳总编和方莉编辑，哈佛大学 Timothy Patrick McCarthy 教授、前石溪中学 (Stony Brook School)Thad Gaebelein 校长、华东师大外语学院前院长陆留弟教授、纽约军校校董莫天全博士、前霍奇基斯中学 (Hotchkiss School) 和迪尔菲尔德学院 (Deerfield Academy) 招生办主任 Parnell P. Hagerman 博士，以及 Gateway Academy 的 Christopher P. Desanctis 校长对于本书出版的支持！同时也十分感谢所有帮助过我的家人、同学、朋友和其他中美教育界的各界同仁！最后，更要感谢二十多年以来所有我帮助过的以中美两国为主的世界各国学生们，是你们的信任和成功让我更加坚定我的使命：以最直接最有效的方式帮助学生获取最适合自己的优秀教育资源，并培养孩子成为全球公民和未来领袖！

冯宜颖 Richard Z

2019 年 5 月于美国纽约

目　录
contents

真正的美国高中教育

上编

第一章　校园生活方方面面　// 002

01　"师道尊严"请远离我们!　// 003
感受美国一流私校的课堂生活　// 003

02　他被哈佛录取的条件是"继续打网球"　// 010
美高教练探讨校园体育精神　// 010

03　我在美国音乐剧舞台上出演"中国皇帝"　// 019
漫谈美高校园文艺和艺术生活　// 019

04　名目繁多的校内外活动　// 025

第二章　学校的课程要求和学业评估　// 035

01　Regular，Honor，AP，STEM 还是 Global ?　// 036
最优化地选择美高课程　// 036

02　医生可以延长学生考试时间吗?　// 041
学生学业的评估和雷区　// 041

第三章　学校的国际化——世界是我们的舞台　// 043

第四章　大学申请——100% 升入美国名牌大学　// 053

01　最重要的是高中四年的积累，这种积累是方方面面的　// 055

02　从 Junior 开始好好利用大学咨询办提供的各项服务　// 056

03　选择优质的顾问冲刺最理想的大学　// 057

中编

第一章　寄宿学校展会　// 060

01　地球上最多元文化的家庭盛会　// 061
纽约曼哈顿展会　// 061

02　"资源"是去寄宿学校的 DNA　// 066
新泽西展会　// 066

03　从纽约到佛蒙特是为了生活质量还是为了丰富人生？　// 067
佛蒙特展会　// 067

第二章　招生办主任的中国出差　// 068

01　培养哈佛篮球队长和 NBA 明星的学校　// 069
上海　// 069

02　中国家长真的了解美国教育吗？　// 082
北京　// 082

03　无处不在的"liability"是自我保护还是限制自由？　// 090
深圳 / 香港　// 090

第三章　招生办的面试实例和总结　// 094

01　鼓励还是批评？　// 096
中国学生和家长的面试实例以及面试总结　// 096

02　其他国家学生和家长的面试实例以及面试总结　// 107

美高招生办主任手记

第四章　关于申请材料的审核　// 116

01　电话、邮件还是官网？　// 117
询问环节　// 117

02　SAO、Gateway 还是其他？　// 118
递交材料　// 118

03　1 分、2 分还是 3 分？　// 121
审阅材料　// 121

04　什么样的申请人会获得录取委员会一致认可？　// 123
全面通过的例子　// 123

05　我等得花儿也谢了　// 127
Waiting List 的例子　// 127

06　长痛不如短痛的拒绝例子　// 129

07　录取委员会的内部博弈　// 130
录取委员会决定孩子的录取与否的会议　// 130

第五章　写在 3 月 10 日发榜日前后　// 135

01　饱含深情，痴痴地等　// 136
等待发榜　// 136

02　终于一天等到了你（们）　// 138
发榜　// 138

03　又开始了漫长的等待　// 145
等待名单上　// 145

04　对于申请人的启发　// 146

第六章　美国招生办内幕　// 152

01　橘子和苹果谁排名第一　// 153
关于排名　// 153

02　提供服务还是设置门槛多收门票?　// 157
关于国内的留学公司　// 157

03　何谓"warmed over prep"　// 160
美国转学众生相　// 160

04　到"junior high"去占位子的学生　// 164
关于 feeder school　// 164

下编　如何成功地申请到适合自己的美高

第一章　美高择校三大误区　// 168

01　第一大误区: 只看排名　// 170

02　第二大误区: 只重视进入藤校和大的 university 的
升学率　// 171

03　第三大误区: 只看重著名城市　// 172

第二章　美高择校多维探讨　// 173

01　去书香弥漫的新英格兰吧　// 174
在美国什么地方读书?　// 174

02　寄宿在康州亿万富豪家里　// 177
选择什么类型的学校?　// 177

03　大数据是主导　// 186
如何进一步根据学校的内部标准缩小择校范围？　// 186

04　"头脑风暴"和"尖峰体验"　// 192
什么才是最适合自己的？　// 192

第三章　为什么 GPA 不高也有机会申请到
好的学校？　// 194

第四章　申请美高标准化考试　// 198

01　SSAT 考试属于英语考试吗？　// 199
谈 SSAT 考试　// 199

02　我跟 TOEFL 考试出题机构 ETS 科学家的交流　// 202
谈 TOEFL 考试　// 202

03　性格决定成败　// 205
性格测试　// 205

第五章　常见的课外活动主要分成哪几类？
如何规划课外活动？　// 207

01　他的中国母亲是个"虎妈"　// 208
学术类　// 208

02　我们在孩子目光中看到了慈善的意义　// 210
义工慈善类　// 210

03　我的学生在"外百老汇"演音乐剧　// 213
文体类　// 213

04 去中国支教还是去土耳其考察日耳曼帝国的历史? // 215
国际类 // 215

第六章　个人陈述是如何炼成的? // 218

第七章　如何写出既符合学生实际，又能给招生官
　　　　想象空间的推荐信? // 225

第八章　申请美高的平台 // 230

01 从 0% 到 100% // 232
SAO 申请大致流程 // 232

02 高处不胜寒 // 239
Gateway 在线申请系统 // 239

第九章　美高招生办主任谈面试 // 241

01 第一大误区：对于面试的重视不够 // 242

02 第二大误区：以为面试就是面试官在考察自己 // 244

03 第三大误区：迫不及待表现自己，忽视了面试过程中
　　　"听"的重要 // 245

04 面试准备 // 246

05 如何推销你自己 // 257
面试过程 // 257

06 感谢信 // 264
面试以后 // 264

附
录

01 美高招生办主任语录 // 266

02 献给 4 月 23 日世界读书日 // 268

03 Phillips Exeter Academy 采访实录： // 280

04 美高读书为了升入美国一流大学的必备清单 // 288

05 学生、家长以及老师感言 // 293

06 Glossary 词汇表 // 300

上编

真正的美国高中教育

第一章 校园生活方方面面

　　不要以为美国学生的校园生活很轻松，一些国人对于美国学校生活轻松的误解，也许源于好莱坞电影里对部分公立学校的描述吧。美国的校园生活，尤其是优秀的私立学校生活节奏非常快，几乎每个学生每天都很忙。只不过和中国高中教育的最大区别在于：同样是忙，但美国学生忙的事情太多了，学习只是其中一样，因为整个高中校园就像一个小小社会。

01 "师道尊严"请远离我们！
感受美国一流私校的课堂生活

　　虽说美国学生忙的事情很多，但毕竟大多数学生无论主动地还是被动地，还是会把学习放在首位。美国课堂教学和学习主要有三大特色，分别是网络化和寓教于乐、标准化框架下的注重个性发展以及活跃的课堂气氛。

一个典型的美国高中课堂

　　在美国，稍微好一点的私立学校，人手一本苹果电脑、iPad。美国的网络教学非常发达，教师一般都会把教学材料、功课、考试要求等放在学校网站或者专门为教学设计的网站上。网络教学太过发达，一方面的确有其便捷之处，另一方面，似乎有时候学校也有"为了技术而技术"的嫌疑。有一次在夏威夷召开的国际汉语电脑教学研讨会（TCLT）上，一位教授对使用技术和不使用技术做了对比研究，发现教学效果差异并没有想象的那样大，这也是为什么总是有一些传统的学生希望有一本纸质的书。

学生玩 Kahoot 游戏

美国学生在学中文

　　不过有一点值得大家肯定的是，网络上有非常多的寓教于乐的教学资源，的确可以激发学生的兴趣。比如时下风靡美国主流学校的 Kahoot，它适用于不同装置及平台，如电脑、iPad、iPhone 等，教师可以制作图文并茂的多项选择题，如果教师没时间制作，亦可搜索相关的游戏，学生从游戏比赛中愉快地学习，而教师可收集相关数据供教学和研究用。此外，在美国形式多样的 Jeopardy 也非常盛行，还有 Quizlet，几乎每个学生都用它来练习新的词汇。再比如 20 个问题的游戏也深受美国学生喜爱。

　　除了各种丰富又寓教于乐的网络资源以外，美国的教师在标准化、格式化的大框架下注重学生的个性发展。所谓的格式化主要是指美国的教师喜欢用各式各样的 rubric，也就是评分标准的表格。在格式化大框架下注重个性，是指美国的教师会根据不同的学生制订不同的计划。每个学生的学习特点不一样，比如有的是 visual，有的是 physical，有的是 aural，有的是 social，等等。

　　对于 visual 的学生，教师尽量使用各种图像、表格、颜色等刺激学生的视觉；对于 physical，教师往往采用"learning by doing"，比如角色扮演，还有非常流行的"total physical response"（TPR）就非常适用于 physical

美国课堂上的卡拉 OK

的学生；而对于 aural 的学生，教师则采用播放录音、听音乐等方式；至于
social 的学生，小组讨论、集体项目自然再好不过了。因为每个学生的学习方
式不一样，所以美国的教师尽可能每一堂课用不同的教学方法，这样会照顾到各
种学生。美国的私立学校还有测评专家，专门为有特殊需要的学生提供各种测评，
并有针对性地采用不同方法。

纽约 Loudonville Christian School 的数学课

好一点的美国学校，课堂教学气氛大多比较活跃，在美国的课堂上不太讲
究 "师道尊严" 一说。如果一名教师高高在上，严肃地板着脸，一般学生是不会
喜欢的，也不会从心里尊重这种教师。美国的课堂上教师和学生是平等的，气氛
是宽松的，从心理学上分析，在这种宽松的气氛中，人们可以最有效地发挥其创
造性思维。

在美国做教师 10 年下来，有一点最令我欣慰的就是学生每天期待着来到我
的教室，而我到了周日也盼望着周一的到来。良好课堂气氛的秘密不是你比别

纽约 Gateway Academy 学生在听讲

人拥有更高的学历，也不是你每天 24 小时备课，最重要的一点是你 care 学生，这种 care 不是挂在嘴边的，而是真正地去聆听学生，了解学生的内心并有效地帮助学生。比如我有个学生对中文尤其是中国文化非常感兴趣，可就是缺少语

美国高中的音乐课堂

言天赋，但她还不希望让其他同学觉得她不够好，于是作为教师，我了解到她的内心需求，尽量在班里通过各种方式，语言的、游戏的，来建立她在班里的自信和他信。

我相信，每个学生都是特别的，总有一些闪光点值得挖掘。中国人喜欢称教师为人类灵魂的工程师，我坚信去了解每一个学生的灵魂深处，就会牵引着学生走向成功。除了 care 以外，还有一个课堂气氛成功的关键词，就是 rapport，这个词翻译成中文大体是和谐和亲善的意思，比如有个班级 70% 的学生打网球，我从网球着手，课堂举例等可以用网球，很快建立了 rapport。此外，我认为备课是重要的，但不要过度准备，英文里有一个词叫"over prepared"，其实是个贬义词，因为一旦 over prepared 了，往往会限制教师的自由发挥。而学生更喜欢一个 spontaneous，也就是灵活发挥、热情洋溢并且幽默风趣的老师。我相信良好的课堂教学气氛的关键就是"care"和"rapport"。

在美国的课堂上我们也会请"外源"来开阔学生的视野，让他们明白在课堂上所学的内容和生活是密切相关的。

我们有幸请来上海华东师大外语学院的老院长陆教授，亲自给学生讲中国的茶道。

课堂视频会议

学校的校友Cliff，在上海的一家法国公司做PR工作，在工作中，他使用英文、中文和法文三种语言。他远在上海通过视频给在校学中文的学生聊中国文化。

制作中国地图

美国学生的动手能力真的好强，我的学生Jack和Margot在我的一门IS课上，用木板制作中国地图，又涂色并且标注了每个省、市、自治区，挂在学校走廊的墙上。

中国地图成品

02 他被哈佛录取的条件是"继续打网球"
美高教练探讨校园体育精神

　　虽说我把课堂学习放在校园生活的第一部分来写，但真正体现出美国教育特色的其实是学校对体育的超级重视。我 2003 年刚来美国，还在波士顿大学读书的时候就深刻地感受到了美国人民对体育的疯狂。当时我住在离美国 Red Sox（红袜队）主场 Fenway Park 不远的地方。2004 年 Red Sox 打败了它的死对头纽约 Yankee（洋基队），我对当时的场面记忆犹新：整个波士顿可谓是全城狂欢，本来干净整洁的 Boylston 大街竟然到处是人们喝剩、吃剩的瓶瓶罐罐和包装袋，波士顿市容一反常态。我当时刚巧随意穿了件带有 Yankee 队标志的衣服，竟然被街对面的超级球迷——红袜队粉丝冲着我大叫大嚷。

美国网球公开赛

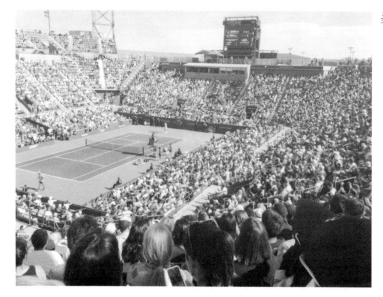

　　日后我在美国私立贵族学校工作十几年，对于美国师生对体育的热衷更是了解很多。

　　首先，美国学校里不管运动型的还是学究型的教师或者教练，都非常热衷于谈论体育竞赛，尤其是棒球、橄榄球和篮球这些美国人特别擅长的项目，他们会对每个队员在球场上的具体表现和细节描述得栩栩如生。我一方面理解他们对体育的热衷，但另一方面我并不赞同有那么一小部分美国人，似乎太热衷于只是观赏体育竞赛，自己却未参与其中的这种现象。我个人认为美国人对体育竞赛的谈论已经成为一种社交活动，而我更相信美国人应该花更多的时间参与体育竞赛本身，那样或许更有意义。

　　我们学校和纽约的一所著名男校在篮球上互为竞争对手，每个季度打比赛时，学校鼓励全校师生穿各种校队的衣服，比赛时观众席上座无虚席，准确地说，其实很多座位是"座有虚席"，因为很多时候学生整场都是站着。学生们做出各种姿势为校队加油，那场景有时让我想起 NBA 的现场气氛。如果体育竞赛和上课在时间上发生了矛盾，学生几乎毫无例外地会去参加体育比赛。

　　美国学校对体育运动的重视渗透到方方面面，比如慈善活动。2010 年震惊世界的海地太子港 7.3 级大地震，我在美国就参与组织了在 Brunswick 学

校际篮球赛

观众席上

美国和德国冠军乒乓球表演赛

校举办的乒乓球表演赛，当时我们邀请了美国的多个赛项冠军 David Zhuang 和德国的冠军。补充一点，他们都是加入了美国国籍的华人。那次我也有幸和冠军打了比赛，结果我成了亚军。整个一下午来观摩表演的门票收入全部捐给海地。同样，我负责的中国关爱基金也在 New Canaan 举办过乒乓球表演赛，门票收入捐给中国北京跟基金对口的医院，用于治疗贫困儿童的各种疾病。

在美国私校任教 10 年期间，作为爱好，我平时喜欢打打网球，最后两年有幸做了学校的网球教练。做教练的感觉非常好，虽说在美国学校做教练，你的球技水平不见得需要比所有的球员都高，但学生对你的尊重，从某种程度上，甚至超过全职教师。因为他们茶余饭后特别喜欢聊体育竞技，而不是课堂学习。做教练的生涯让我对美国私校的体育运动有了更深的了解。

美国的高中各个球队一般分为 Varsity 和 Junior Varsity 两个级别，我的网球水平和资质还没达到做 Varsity Tennis 主教练的级别，所以我做了

JV BOYS TENNIS

Coach: Yiyong Feng

John Briggs, Curtis Camp, Zachary Dekker, Bilal Memon, Andrew Patty, Michael Pizzani, Robert Smack, Chris Walsh

我在美高做网球教练

Junior Varsity Tennis （JV Tennis）的主教练。不过很多时候我们会跟 Varsity 在一起训练，也会和 Varsity 在同一场地和其他学校打比赛。

通过体育运动、训练和比赛特别容易了解每个人的性格特点，在教练学员球技的同时也是在培养每个人的综合素质。

我们学校球队一个叫作 Zach 的球员球速非常快，正手 top spin 很有力量，网前球又狠又准，爆发力很好，但是他的缺点就是求胜心切，缺少耐心而不够稳定，所以虽然球速、力量很好，但失误也多。在大赛的前一周，我需要决定男一号、男二号，在去球场的车上，他说："教练，让我做球队队长（其实就是想做男一号），好不好？"为了公平，我没有立刻给出明确答复。接下来，在球场上

网球比赛前

我安排他跟队员中相对稳定的 Curtis 打比赛，Curtis 的爆发力、球速都不如 Zach，但优点是失误少，较为稳定。打球的过程中，Zach 会时不时关注我的目光。比赛下来，Zach 输给了 Curtis，他非常不甘，不停地对我说"教练，我应该打得更好，好几次比分虽然输了，但都很接近"等等。回程的路上，我们路过一座古堡一样的价值上亿的豪宅，一些球员在评论这座豪宅人家肯定非常有钱的时候，Zach 提到也许房子里住很多人，一起来供养房子呢。可以看出 Zach 竞争心很强，从某种意义上是好事情，但竞争心太强的人，尤其和他人竞争，而不是

校际网球比赛

和自己的内心竞争，往往会过多关注外在，而失去本质的东西，反而不利于球技的发挥。日后，我慢慢培养 Zach 的稳定性和平常心，他的网球整体水平稳步提高。

Varsity 组有个叫 Mike 的男一号，Varsity 的男一号可以说代表了学校的最高水平，可是 Mike 有一次校队比赛偏偏遇到了来自国王学校的 Harry Walker。看了整场比赛下来，对方的 Harry Walker 好球连连，校队明星 Mike 却非常沮丧，时不时地情绪爆发，甚至用球服蒙住头部。后来我了解了一下，原来 Harry Walker 在 2016 年 USTA（美国网球联盟）16 岁年龄组全国排名第一，并获得 Blue Chip 荣誉，被哈佛大学提前一年录取。Mike 是个

非常优秀的球员，也获得了 4 颗星。但如果他想在网球的路上走得更远，就必须更加沉稳一些。

　　体育比赛总是能看出一个人的性格和品格。再比如，学员中有个 Michael 的，球打得不是特别好，持拍太松，缺少力量，但是每次训练他总是帮队友把球从存储室拿出来，做一些力所能及的服务；Curtis 和 Brian 对于教练的安排从不说"No"，而且总是挤出一切时间练习。不过有一次安排 Brian 和 Ajit 双打，Ajit 是个新手，所以尽管 Brian 球技高超，但还是输给对方了，毕竟"木桶原理"在球场上也是一样适用的。于是向来平静的 Brian 说："教练，安排我打一场单打！"在双打中被压抑的 Brian，单打中爆发，6 比 0 结束比赛。

校队男一号

　　有一次和 GFA 打比赛，事先我们队的男一号、二号、三号、四号以及双打的一号、二号、三号都已经安排好了，但是由于 GFA 和我们比赛输过太多次，对方教练竟然要干预我们的安排。我自然报以理解，因为毕竟他们希望能赢我们，即使一次也好。于是出于 Mercy 心理，我想这次干脆随他去了，毕竟友谊第一、比赛第二嘛。可是我也不愿意完全按照对方的建议去安排，此时便想到了中国古代的"田忌赛马"的故事，想想此刻不用，更待何时？于是把"田忌赛马"搬到了美国的网球赛上，令周围的观众大饱眼福。

我教过的网球队可谓一面镜子，反映了美国的体育教育。总结下来，美国的体育教育有几点是值得称赞的。

首先，美国是个体育大国，人们非常重视体育。全民健身的意识非常强，这也代表了一种蓬勃向上的文化。我经常看到在国内呼风唤雨的企业家、高级知识分子，到了美国和美国人谈判时，表现得过度拘谨和礼貌，这一方面体现了"东方主义"的风格，另一方面谈判双方的体魄和相关的精神面貌也有明显差异。所以，我们的中国学生一定不要让身体的弱势成了国际职场上的绊脚石。

St.Luke's 网球比赛庆功会

其次，美国学校注重体育教育，因为如同以上网球队训练中提到的那样，体育运动尤其是集体项目，相对于书本学习考试而言，更容易而且会很直接地反映孩子的性格优势和劣势，教育工作者可以更好地有针对性地培养和塑造孩子的性格和品格。

此外，在美国体育运动是任何其他学习考试、甚至社团活动所无法替代的一种社交活动。即使有些人由于身体的劣势，不太参与体育运动，他们也会关注体育竞技和赛事，所以，如果想融入美国文化，必须从关心体育做起。

想留学美国的中学生、大学生，你们准备好了吗?

在美国，全民运动成风，上至美国总统，下至普通家庭，运动成为家庭聚会的常见项目之一。

VA 运动员颁奖会

美网公开赛可谓是纽约一年一度的盛事。2016 年在纽约美网公开赛目睹 Djokovic Novak（中国人俗称"小德"）的精彩表现，场上座无虚席。

笔者的学生 Max Macey 和 Djokovic Novak 的合影。Max Macey2016 年在上海 ATP World Tour 成为 Djokovic Novak 的陪练，当时 Roger Federer 也要找我学生陪练，最后 Max 和 Djokovic Novak 有了协议，竟然对 Roger Federer 说了"No"。

笔者的学生们跟特朗普总统的孩子一起打球

运动是美国家庭聚会项目之一

03 我在美国音乐剧舞台上出演"中国皇帝"
漫谈美高校园文艺和艺术生活

美国的私立学校不但非常重视体育，而且文化艺术活动也是丰富多彩的。

2009 年的春天，我被学校的剧院总监邀请参加迪士尼音乐剧《木兰》的演出，我演剧中的皇帝。整整 3 个月，我跟学生和其他老师组成的剧组一起排练这部音乐剧。虽然只是中学的音乐剧演出，但是我们的准备工作非常认真，具备专业精神。我亲自带着剧院总监开车去纽约法拉盛买中国传统的服装和饰品。我和学生严格按照声乐老师和编舞老师的要求排练。开演的前 3 周，我们剧组人员已经在学校的舞台上，用木材建好了一座极具中国传统风格的皇宫，连上面的汉语书法文字都一一由我把关。开演前的两周，我们几乎每天都会排练。我把其中一段我演唱部分的" triple threat"刻成碟片，这样每天开车上下班的时候都可以听和练。

音乐剧《木兰》剧照一

音乐剧《木兰》剧照二

开演那天，我还是有些紧张的，毕竟这是我第一次演音乐剧，然而更多的是兴奋。导演故意安排我以说中文为主，这样作为中国"皇帝"有一种原汁原味的效果，当然舞台有投影的英文字幕。演出快结束的时候，突然在一些关键的对白场合，扮演皇帝的我突然说起了英文，而且紧接着用英文唱起了歌，戏剧

音乐剧《木兰》剧照三

效果轰动全场。每一个学生演员都非常认真，有的学生演员为了表演得出神入化还专门向我请教中国历史。那个演木兰的小女生不仅认真专业，而且唱功非同一般。整场演出效果非常好，最后学校的市场和音乐部门还把演出制成光盘，一张碟 40 美元对外出售，我至今还保留着一盘在我的办公室里。

整出音乐剧的演出，我感受到了师生之间的团队精神和敬业精神。一方面学生学会了音乐和舞蹈，并练习了演出的技巧。同时，在几个月的排练中，学生的领导力、组织能力、交流能力、市场宣传推广以及动

音乐剧《木兰》DVD

手能力都有了很大的提高。这场《木兰》的演出就是美国中学教育成功的一个典范。

这只是我参与的一场演出，实际上我们学校每年都有两场音乐剧演出，其专业水准令人敬佩。我印象深刻的有"Riddle on the Roof""Cabaret""Rent""Lion King""Avenue Q""legally blonde"等。学生为了忠于真正的百老汇演出真的很开放，可谓为艺术献身。十年来，有两个学生演员给我留下了最深的印象，一位叫作 Mary，她有着精致的五官和高超的演技。另一位就是我自己的学生，纽约洋基队总经理的千金：Grace Cashman，她不仅演技可以和专业演员相媲美，而且唱功非同一般。有一次我教她唱中国的一首老歌《夜来香》，然后我们合唱这首歌，为中美交流项目的一部短片配音。

即便是中国歌曲，她也把握得游刃有余，业余也参加过纽约外百老汇的专业演出。
有意思的是，我们学校这两位音乐剧明星，最终都去了美国的西北大学。

Avenue Q 现场

学校的 Coffee House

　　除了音乐剧，我们每年也有普通的室内剧演出。每年一度的乐队表演，多才多艺的孩子们展示出各自的音乐才华。我们经常看到一个学生在一场音乐会中，不停地变换角色，演奏不同的乐器。每周三的中午，我们学校还安排 Coffee House，就是师生在一起唱歌和玩乐器，在全校午餐的时候表演。每年到了情人节，我们都会在舞台上安排情人节的清唱表演。此外，每年一度还有教师监督下的学生舞会。

　　为了满足学生对文艺的更高追求，我们每年都会安排部分学生到校外的剧团去看真正的专业演出。比如我跟法语老师一起组织学生去纽约百老汇观赏著名的《歌剧魅影》。观看之前，我们为学生设计一些问题，学生带着问题去观看，以便更加深入地了解这部著名的音乐剧。后来，我又把《歌剧魅影》翻译成中文，教授学习中文的学生去演唱。我们还先后带学生去校外的剧院欣赏过《芝加哥》纽约交响乐团的演出以及中国的民族舞蹈，等等。

作者的摄影作品展

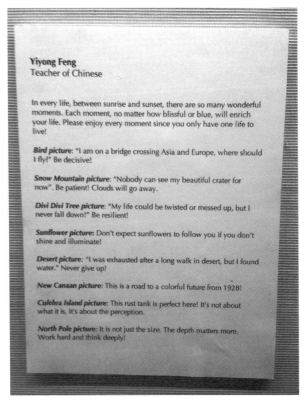

Yiyong Feng
Teacher of Chinese

In every life, between sunrise and sunset, there are so many wonderful moments. Each moment, no matter how blissful or blue, will enrich your life. Please enjoy every moment since you only have one life to live!

Bird picture: "I am on a bridge crossing Asia and Europe, where should I fly?" Be decisive!

Snow Mountain picture: "Nobody can see my beautiful crater for now". Be patient! Clouds will go away.

Divi Divi Tree picture: "My life could be twisted or messed up, but I never fall down!" Be resilient!

Sunflower picture: Don't expect sunflowers to follow you if you don't shine and illuminate!

Desert picture: "I was exhausted after a long walk in desert, but I found water." Never give up!

New Canaan picture: This is a road to a colorful future from 1928!

Culebra Island picture: This rust tank is perfect here! It's not about what it is, it's about the perception.

North Pole picture: It is not just the size. The depth matters more. Work hard and think deeply!

作品展上的"艺术家陈述"

除了音乐、舞蹈方面，学校对于其他艺术同样重视。学校的走廊和大厅处处摆满了学生各种各样的艺术作品。其中有一年我们教师亲自举办了一场教师艺术作品展览：有的教师擅长绘画，就展出自己的绘画作品，有的展出自己的陶艺作品，有的甚至是织毛衣，有的是折叠。我也参与其中，展出了自己的环球旅行摄影作品。老师对于自己的作品都会在旁边标注 Art Statement。

通过展出，我们师生之间更加增进了了解，而且彼此学习了很多知识。这次展出我最满意的不是我的摄影作品展本身，而是摄影作品展对应的艺术家陈述。作为一名教育工作者，我认为这是我在学校最满意的一次展出，因为我真正地以艺术作品的形式启发了学生的人格发展。现在我也把这次展出的作品以及艺术家陈述分享给读者。

04 名目繁多的校内外活动

　　著名的美高不仅有骄人的师资力量、优秀的大学升学率、强大的体育团队，更独特的是校内外活动极其丰富多彩，4 年的高中生活体验，本身就足以吸引来自世界各地的优秀学子。这部分我主要从以下几个方面跟大家分享：

☆ 与美国总统白宫发言人探讨多元文化
　　丰富多彩的校园活动

　　我在南康州的学校位于美国最富裕的小镇之一 New Canaan，其生源主要来自于 New Canaan 本地以及周边跟 New Canaan 差不多富有的 Greenwich、Westport、North Stamford 和纽约的 Westchester。因为这

作者跟美国前总统白宫发言人 Mr. Ari Fleischer 探讨中美文化

个地缘优势，这边的居民很多是华尔街的高管、Hedge fund 精英，以及美国政坛领袖等，所以我们的学生有机会接触到美国最核心的人士。基于这个优势，我们学校开发了"Lunch and Lead"这个项目，每周三请附近的精英来我们学校跟学生面对面地做讲座并进行互动。这个项目中给我印象最深的是美国前总统白宫首席发言人 Ari Fleischer 先生、洋基队总经理 Brian Cashman 先生以及巴菲特家族。

在美国，这些名流虽然身居要职，但相对比较低调，身边也没有很多人簇拥着，走在校园里就像普通人一样。我们有些同事跟政治家意见不合，也不会因为是前总统发言人而继续听他演讲，有的就默默地走开。洋基队总经理更加友好，每次跟我见面都是以"buddy"相互称呼。巴菲特家族的小儿子 Peter 整场演说几乎不会提到他父亲，只是跟我们讲他对钢琴的执着和分享他自己的内心世界。

总之，通过"Lunch & Lead"这个项目，学校的同学大开了眼界并增长了见识。

每年我们学校都会举办世界语言周。周一一大早，我们通过各种材料把学校的各个部门，主要是餐厅，装扮成一个"地球村"，充满了世界各国的元素。比如有中国的长城、书法作品、红灯笼，法国凯旋门和西班牙马德里广场等各种国家的元素。每周都有一个世界语的主题，比如周一汉语、周二法语、周三西班牙语、周四拉丁语、周五其他等。我们安排各种活动，比如卡拉 OK、舞蹈表演、乐器演奏、诗歌朗诵、新语言学习、书法和棋类。学校的食堂也相应地为全校师生准备不同国家的美食。我们有时候会请校外的专业舞蹈团队及歌唱家，来到学校为我们助兴。世界语言周是学校最具国际化而且充满乐趣的一周，每年全校师生都期待着。

为了增进师生关系，我们每年都会举行师生之间的联谊赛。比如高中部的

世界语言周上
的学生在学习
中国书法

非数学教师跟初中部的数学兴趣小组的学生举行数学竞赛，我作为有着美国高中数学教师执照但又不教数学的教师，可谓是我们教师队的秘密武器。此外，我们每年都会举办教师和学生的篮球赛。

　　学校内部每周都会有一位教师或者学生在学校的 town　meeting（有的学校称作 community　meeting）上分享自己个人的经历、对万事万物的感受，视为心灵鸡汤。这个活动一方面培养了学生的演讲能力，同时让我们彼此更加

学生在分享内心世界

了解。更重要的是全校师生都会从中学到很多做人的道理，可谓素质教育的典范。

☆ "一美元饺子"上了 *New Canaan* 日报
名目繁多的校园俱乐部

美高的校园俱乐部可谓五花八门、无奇不有。我工作过的学校常见的俱乐部有：China Care，Chess，Debate Team，Yearbook，Bread，Multicultural，LGBT，等等。十几年来，作为学校唯一的亚洲雇员，我主要负责 China Care Foundation 俱乐部。这个俱乐部最初由 Bridgewater（桥水基金），也是哈佛校友、康州首富家族 Dalio 创立的，目的主要是在美国新英格兰以及纽约地区富裕的私立高中和大学设立基金俱乐部，通过各种各样的活动向该社区的居民募集资金，捐赠给中国北京专门治疗有先天生理缺陷的孤儿的一家医院。

康州 *New Canaan* 日报对我们慈善基金的报道

　　我作为基金的顾问，物色并投票选拔学生会主席，然后每周召开会议，领导俱乐部成员策划各种慈善募捐活动，并组织去中国看望被我们资助的孩子。十年来，我们为有需要的孩子募集了很多钱，献上了爱心。我们常见的募集方式之一是在学校以及社区的各种活动中卖"dollar dumpling"，我们称作"dollar dumpling"的是因为我们一个饺子卖一美元，这根本不可想象。但那些买饺子的学生、老师以及家长一方面喜欢我们的饺子，另一方面捐助风气深入人心，他们明知很贵还是会买，其实就是想帮助他人而已。

　　我们还会选择在学生家长的家里举办活动。比如有一次在 Bridgewater（桥水基金）Partner 家里举办各种活动，包括足球、乒乓球、篮球以及其他竞技活动。桥水基金 Partner，Prince 家里光车道就要开车半分钟的时间，家里后院有自己的足球场，室内各种娱乐设施应有尽有。我们这场活动通过向社区的家庭卖门票的形式就募集了很多钱。2008 年汶川大地震，我们以上海华东师大附中合作学校的名义捐款，其数额超过附中本身。由于各种活动搞得风生水起，我们基金会全体人员上了 New Cannan 日报的头条，我本人也获得优秀导师奖。有几次我们还组织基金会成员，自费前往北京的医院看望我们帮助的儿童，那些儿童看到我们到来，兴奋地牵住我们的手，我们认为这才是对我们劳动最大的奖赏。

作者荣获优秀导师奖

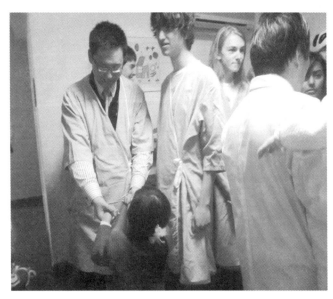

笔者到北京看望基金
会帮助的孩子

多元文化俱乐部每年都有各种各样的活动倡导多元文化，面包俱乐部师生一起做出各种美味的面包，同性恋俱乐部培养学生对不同事物的包容性和同理心。学校的各种俱乐部丰富了校园生活，让不同的孩子都能找到自己的归宿，培养了孩子的领导力和团队精神。

☆ 为什么老师带学生午夜去纽约中央公园？
各种各样的校外活动

为了让孩子真正地了解社会，而不只是生活在私立学校的温室里，学校长年会有各种各样的校外活动，比如最重要的活动之一就是写入大纲的每年必须至少 20 个小时的社区服务。我带领学生去过食物银行，所谓食物银行就是一个城市收集捐赠食物的集散地。我会带学生一起做义工，把食物按照类型分类，扔掉过了保质期的食物，然后再重新整理并排列有序。

　　这种活动让这些私立学校的富家子弟更懂得珍惜现有的生活，知道父母禁止自己吃这些垃圾食品的同时，还有很多低收入家庭不得已吃罐装食品。我们学校每年都会有学生参与一种叫作"Midnight Run"的活动，其实就是学校派车带学生去纽约中央公园，给无家可归的人发放我们学生自己捐赠的食物。这些活动在帮助他人的同时，也让学生了解到社会的不同层面，在劳动中培养了爱心。

　　美高学校多样的"field trip"也丰富了学生的生活，比如各个学科的老师都会组织各种校外的考察活动。我举些例子：历史老师会组织学生去附近的大学听历史教授的讲座；社会学老师会组织参观附近的佛庙；中文老师组织学生去唐人街；艺术老师组织学生去大都会博物馆，凡此种种，不一而足。此外，各种各样的校际比赛，比如机器人竞赛、3D打印作品竞赛、诗歌竞赛、辩论赛等，也是五花八门。

中文老师组织学生参观纽约唐人街博物馆

☆ 毕业前我该约哪位女生去乡村俱乐部？
毕业班的活动

除了各种校内外的活动以及俱乐部活动以外，私立学校，尤其是私立贵族学校，每年 Senior 毕业班的三场活动，也把即将步入大学的学生生活推向了高潮。

乡村俱乐部一角

首先最受学生喜爱的是 Prom 活动。一般活动前夕，男孩子就会跟自己的女朋友商量参与活动的一些细节，比如服装、Post-prom 等。没有女朋友的男学生会用这个阶段开始物色合适的女孩子，并邀约她一起参加 Prom。Prom 当天，这些毕业班的孩子，当然也包括一些 Junior 的学生，或者被邀请的外校学生，身着晚礼服，成双成对地进入学校事先安排的豪华饭店或者俱乐部等场地。

这些场地里边一般都有桌球、乒乓球桌以及提供各种道具的自拍室。学生们会边玩边社交，随后就是正餐，正餐完后是舞会。一般 Prom 选在 5 月份，绝大多数 Senior 学生已经确定了大学去向，这个时候是他们好好放松并且享受友情和爱情的时候。

作者在 Prom 中跟学生合影

Prom 的一个月以后就是正式的毕业典礼。美国文化非常注重毕业典礼，提前几个星期我们学校为每一位教师，根据各自的学位和毕业院校租好相应的学位服。毕业典礼当天，学生很早到校，穿好毕业服装，排队进入装扮一新的校篮球场。我们全体教师排好队跟着苏格兰风笛的乐手入场。先是校长讲话，然后学

毕业典礼合唱

生和家长代表讲话，期间还穿插校合唱团的表演。最后是发毕业证书和观看一系列为每一位毕业生设计的个性化录像。内场结束后，我们教师先退到外场排好队，迎接毕业生，表示热烈的鼓励和祝贺。最后，学生、家长和老师一起合影留念。

第三场毕业活动就是毕业典礼后的晚上，我们一般会选址附近的乡村俱乐部。了解美国文化的人都知道，乡村俱乐部就是富人俱乐部，因为年费非常昂贵。每年的毕业聚会都会有不同的主题，我最喜欢的主题是夏威夷主题，那年我穿的就是在夏威夷买的海滩服。俱乐部的整个装饰就是模仿夏威夷度假村的风格，我们师生一起聊天、聚餐和跳舞。

美国的私立学校就如同一个小的社会，作为在中国接受基础教育的留美学生，自然有着很强的数、理、化基础，可是在学生性格的培养、校园文化的塑造，以及多元化的校内外生活这些方面，美国的私立学校教育的确有很多值得我们借鉴的地方。

夏威夷风格
毕业舞会

第二章 学校的课程要求和学业评估

作为学生导师，我们每年的重要任务之一就是帮助学生选择适当的课程。美国的私立高中通常采用学分制，我以自己工作了10年的学校作为例子来给大家介绍如下：

01 Regular，Honor，AP，STEM还是 Global?

最优化地选择美高课程

所有的学生每年必须通过5门课才能升入到下一级，高中四年必须修满20个学分才可以毕业。一般说来，要求英语4年，其中包括1年的英语选修课或者AP语言和写作；历史以及社会科学要求3年，分别是世界历史一和历史二，然后美国历史，并建议第四年选历史相关的学科；数学3年，几何、代数一和代数二（包括三角函数）；科学3年，生物1年，还有1年跟物理有关的学科

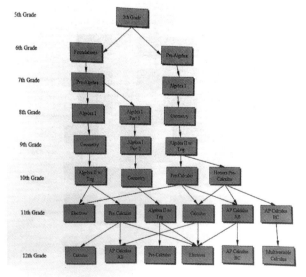

高中数学选课体系

和 1 年其他科学课程，并建议第四年选科学相关的学科；世界语言 3 年，包括
中文、法文、拉丁文和西班牙文。视觉艺术至少 1 年，包括艺术、音乐或者舞
台表演。健康学在 10 年级学习一学期。

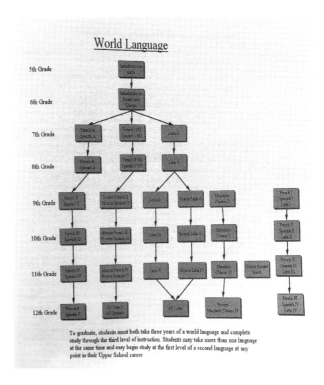

高中外语选课体系

学生如果没有通过评估，就要根据副校长的安排来重新评估，否则只能留
级。在美国我们通常用"评估"这个词，因为评估的方式有很多种，不只是考试。
实际上在美国很少见到留级的情况，跟中国比，美国学校的课程负担还是比较轻
松的。

学校提供各种各样的 AP 课程和荣誉课程。当计算 GPA 或者评选荣誉学生
的时候，AP 和荣誉课程采用加权计算方式。我们采用 1/weighted，也就是说，
如果你学的是 AP 或荣誉课程，并且评估成绩是 B，那么按照 B+ 来计算 GPA

或者评选荣誉学生。有的学校不用加权法，但大学招生时还是会把 AP 和荣誉课程区别对待的。

除了课程以外，每个学生每年还要参加 20 个小时的社区服务，这也是毕业的基本要求。

绝大多数学生是用 4 年的时间完成这些学分和要求，但也有极个别的学生可以提前完成。我曾经教过一个天才级别的学生，他只用了两年的时间就完成了正常学生四年的毕业要求，提前两年毕业去牛津大学深造。

除了常规的课程，对于特别优秀的学生，我们还设置三个学者项目，都是荣誉项目。分别是"Global Scholars Program" "STEM Scholars Program" 和 "Classical Scholars Program"。

Global Scholars Program 主要适应于对国际教育感兴趣并且愿意深入研究的学生。这个项目的申请竞争比较激烈。首先要完成特定的课程，比如 5

Global Scholarship 论文答辩

年世界语言课程的要求，一些夏校学习也算。其次要有国际学习体验，比如海外学习经历，参与国际交流项目。进入这个项目的学生必须在一个国际组织里有至少 10 个小时的工作或学习体验，而且每年的 4 月要在全校就某个国际教育的话题进行论文答辩。

Stem Scholars Program，顾名思义，就是为了对科学、技术、工程和数学感兴趣的学生设计的，竞争也比较激烈。通常要求学习 4 年的数学，4 年的科学、其中包括工程学，计算机科学和一学期的机器人或者 Java 编程，并且完成微积分、AP 计算机科学或者 AP 科学这三门中的两门。进入这个项目的学生必须做一年跟 Stem 相关的研究，并且向全校汇报研究成果。

Classical Scholars Program 相对而言竞争没那么激烈，主要针对完成 4 年拉丁语学习的学生，做一个古典文学或历史相关的报道。

这三个项目，我如果做个比较，分别有点像我们中国高中教育的三个类别，即外语类、理工类和文科类。10 年来，我接触了很多学生各种各样的研究主题。比如有"Caring for the Orphans"，"How do PEDs Impact

学者项目颁奖典礼

Baseball"，"Caesar"，"Official Ban on Child Labor"，"History of the Conflicts"，"Variation of Elitism"。其中我教过一个学生，是典型的 ABC，在美国出生的华裔，他是 10 年来唯一一位同时参与 Global Scholars Program 和 Stem Scholars Program 两个项目的学生，在学校可谓亚裔的骄傲。高中毕业以后，最终被约翰·霍普金斯大学录取。

02 医生可以延长学生考试时间吗？
学生学业的评估和雷区

　　在美国学校里，评估方式多种多样，包括最常见的考试。考试通常又分为 Quiz、Test 和 Examination。一般来说，Quiz 是平时的小测验，Test 往往是一个单元的考试，而 Examination 则是学期或者阶段性的大考。除了考试以外，PPT、微电影制作、手工等各种形式的项目以及平时的课堂表现、出勤情况和家庭作业也是常用的评估方式。

　　美国的考试和中国的比起来要宽松很多。比如很多时候课堂内的考试并没有时间限制，学生做完后老师才可以收试卷。当然，对于学期的大考，是有时间限制的。但是部分美国家长可以去医生那开个证明，说自己的孩子由于书写问题或者学习特点需要延长考试时间，这样学校就必须按照医生的证明来照顾这样的孩子。其中的确有部分孩子是因为生理原因需要延长时间，但也有相当一部分家长是通过这个方式，给孩子争取更多时间以期获得更好的成绩，这就是美国的教育和医疗腐败相结合的一个典型例子。有时候，学科内的普通考试，如果学生考得不好，还可以给老师说明原因进行重考。综上所述，在美国只要你足够努力，按照教师的要求去做，很难留级或者毕不了业。

　　当然除了校内的考试，还有 SAT、ACT 以及 AP 考试，这些考试老师是帮不了你的，必须结合自己要申请的大学以及个人的兴趣，努力学习，好好准备。

　　一般来说，在美国考试以及其他评估方式，相对于中国而言是比较简单和人性化的，但是有一点我必须强调，美国学校对于学生考试作弊现象会特别严格地处理。一旦学生考试作弊被发现，如果想继续留在学校，必须经过学校 Honor Committee 的通过。

我参加过几次 Honor Committee 的会议，首先当事人要陈述作弊的动机和整个过程，然后委员会轮番提出尖刻的问题，最后学生如果能够说服委员会，并且制定出切实可行的改正方案，再加上该学生导师为孩子背书，才有可能继续留在学校。如果第二次作弊又被发现，就会被勒令退学。不仅作弊，对于剽窃，也就是复制已经发表了的学术成果，或者用了别人的语句但没注明出处，也会按作弊处理。这一点，来美国读书的学生一定要避免，真可谓是雷区。我在美国做教育十几年，几乎每年都会看到因为学术不诚实而被开除的学生。有一次，一个中国学生考 SAT 跨区，被学校开除。我因为是国际学生主管，算是比较同情这个孩子，跟学校教管处开会才帮孩子争取到主动退学。

总而言之，在美国学术方面，你只要老老实实、勤勤恳恳按照学校的规章制度和老师的要求，对于聪明勤奋的中国学生不应该存在任何问题。

学生期末考试现场

第三章　学校的国际化
——世界是我们的舞台

　　美国高中的国际化教育对于学生的国际适应性有极大帮助，很多著名的高中都会雇用部分拥有国际化背景的教师和管理人员，以此给学生和校园带来不同的理念。师生会参加各种国际化有关的会议，比如 TABS-NAIS Global Symposium 和 NAFSA，POCC 等。我所工作过的三所私立学校，有走读的也有寄宿的。但不管什么形式，每个学校都会以不同的方式倡导并实施国际化教育。我主要从以下三个方面为大家分享：

作者在美国寄宿学校全
球论坛

　　首先就是从校内设计国际化的课程。比如我工作的寄宿学校正在从各个不同学科的角度来设计国际化课程：科学系开设全球环境发展课程；历史系社科系继续开设世界历史；增加当代世界经济；英语系开设世界文学欣赏等。我工作过的走读学校有 Global Scholar 这个项目（参考第二章第一节）。

　　学校的国际化更重要的环节不只是在校内接受国际化教育，而是真正地走出校园并走向世界，而且接纳世界各地的同学和朋友。

作者带美国师生
爬中国长城

以我所在的私立高中为例，我们学校跟中国、法国、意大利、阿根廷、新西兰、加拿大等国家对等的私立学校结成合作学校关系。学校通常会选择春假或者暑假的时间，用一个星期带学生到各个国家去合作学校插班体验，并且住在当地学生的家里，再用一个星期去旅游。而其他国家的学生则选择各自方便的时间来我们学校，以类似的方式交流两个星期。我们学校的学生一年中会有各种机会接触到不同的文化。

比如法国的孩子来了加入学校的法语俱乐部跟学法语的学生互动；中国孩子来了教授美国孩子中国书法、绘画、音乐以及太极等；阿根廷的孩子在学校舞台上表演南美洲的一些舞蹈等。美国学生到了世界各地的学校也把美国的文化和教育输送到各个角落。

美国学生跟来访的中国学生学太极拳

我十年来主要负责中美交流项目。我们一开始会设计好 PPT 宣传，然后全校发表中国行的演讲，同时在全校各个醒目的地方张贴制作精美的海报。报名后，我们就开始跟学生开几次行前会议，搞关于中国文化以及衣食住行的讲座，并且准备签证等各种文件。美国学校的一个特点就是无论搞什么活动，都要事先填写

校长设家宴招待中国访问学生

各种各样的表格，父母授权等非常多，一方面是基于美国的法律健全，另一方面
就是深入人心的 liability 所致。

　　"中国行"都是选在春假的时候，我们先去上海的华东师大附中体验一个星
期。美国的学生白天在学校与中国学生一起上课、打球并且参加各种活动，晚上

美高与上海东
昌中学的交流

住在学生家里体验中国的家庭和社区文化。大多数美国学生认为中国孩子学习非常努力，听老师的话，数理化很好。我们的合作学校由于就在陆家嘴金融区附近，还开设了模拟华尔街 Lab，也就是教中学孩子基金、债券和投资方面的知识及实战技术，这一点已经跟美国优质的私立高中接轨了。随后我们一般会去北京、上海、西安和杭州等地旅游，而且在旅游的过程中会更加深入地了解中国文化。我举几个带美国师生来中国体验的例子。

美国学校参观上海豫园

2015 年初春的古城西安。戴斯酒店附近，一行 16 个人，包括 14 个我的美国学生，一个 IT 老师和我在 KTV 劲歌劲舞，我们把 Lady Gaga 的《bad romance》还有 Michael Jackson 的老歌如《Just beat it》等都翻出来唱，一时震翻全场。包厢里还不过瘾，又在 KTV 公共唱区边唱边跳《江南 Style》，惹来 KTV 工作人员好奇而又友好的目光。在美国（唐人街除外）基本没有 KTV，学生到了中国的 KTV 简直像出了笼子的小鸟，兴奋疯狂。其中有的学生认为当晚随机安排的卡拉 OK 是此次中国行程中的最精彩体验之一，还有的学生说中国的 KTV 像美国的 Strip Club。

美国学生游览西安

美国学生在中
国唱卡拉 OK

　　其实旅行中，参观景点固然有意义，但是能够体验当地的生活，并融入其中，
更增加了旅行的内涵。卡拉 OK 主要是中国文化乃至亚洲文化，而西方很少见。
说起唱歌，中西其实有很大的差异，首先对于中国人来说三五好友聚会，唱 K

是再常见不过的事情了，而为什么美国人对此却大惊小怪的呢？其实有诸多原因，首先，美国的 KTV 一般不是包厢的形式，而是公共场地，也就是来 KTV 的所有人都可以听到你唱歌，所以美国人如果没来过中国的 KTV，会以为所有的人都会听到他的歌声，因此轻易不敢露丑。不要被电视等媒体误导以为所有的美国人都很外向、大大咧咧。只不过，美国人从小到大受的教育就是直抒胸怀，而且注重口才的培养而已，所以美国人相对比较少压抑自己的情感，表达起来也似乎口若悬河。而中国人感情比较内敛，唱卡拉 OK 刚好是一种情感的宣泄，所以卡拉 OK 也就特别适合相对含蓄的东方人。

　　不仅中国，我在日本参观时，KTV 也多如牛毛。除此以外，《纽约时报》上的一篇名为"*Study Links Perfect Pitch to Tonal language*"的文章，也从另一个角度解释了为什么卡拉 OK 在亚洲更加流行。很多中国人自己都不知道，语言学家的研究表明，汉语四声的训练和音乐的音准竟然有关联，换句话说，如果同样都没经过专业的音乐训练，从小学习汉语的中国人，唱歌音准的比例竟然比同类美国人高出 3 倍。通过带美国学生体验中国原汁原味的卡拉 OK，学生不仅玩儿得开心，更重要的是经过我跟学生一些深度交流以后，他们了解到了中美文化的差异，从生活体验中学到了很多东西，对于美国学生来说这才是真正的国

美国学生游览中国香港

际化教育。

不仅学生，即便是见多识广的美国校长来到中国，也会了解到很多中美文化差异。有一次我和校长在上海参观东方明珠下面的历史博物馆，本来校长对历史特别感兴趣，可是参观访问日程表上写的午餐时间是 12 点 30 分，校长为了赶时间，带着所有的学生走马观花地参观了博物馆，我说其实中国人的时间观念没那么强，不用担心，可以多花些时间，第一次访问中国的美国校长还是不够放心。这是因为在美国，时间观念非常强，不管是平民还是领导大多都非常遵守时间。还有，美国人做什么事情，往往是提前很久规划好，预约好，然后写在日历上；而中国人非常不习惯计划很久以后的事情。一方面反映了美国人的时间观念强，另一方面也反映出中国人办事情有更多的灵活性。

说到美国人和中国人提前规划这件事上，再比如，每次中国合作学校的师生来到美国主要是我负责安排和接待。仅仅是对于来美国的时间而言，中国的学校就会变来变去，有时候会突然提前两周告诉我们要过来。作为从小生长在中国的美国人，我认为这没什么，我们加紧准备就好了，可是，美国的同事一听到两

中国学生在美国学校餐厅合影

周就要过来才通知我们就会很紧张，因为他们太习惯提前很久做规划。

很大意义上，我认为这一点要向中国学习，美国人做事情太缺乏灵活性不仅体现在教育方面，而是体现在社会的方方面面。但比较现实地看待这件事，你会发现让美国人学习中国人还是有很长的路要走，因为大多数美国人都会以为自己的方式是最对的。2017 年的冬天，我们上海合作学校的师生来我们学校参访。其中有一天他们在外边旅游的时候下雪，因为大多数师生是第一次来美国，虽然下雪他们还是希望雇佣的司机开车带他们出去看看。这个时候，副校长强烈要求我跟合作校方沟通，意思是不要出去玩儿。作为中美两国的桥梁，我知道美国人所谓 liability 的法制观念太强，深挖一点，其实就是在这个到处都是律师的国家，人们的自我保护意识太强，而导致没有人愿意担责任，而完全没有站在中国师生的文化角度和立场来考虑问题，类似的事情在美国很常见。

2019 年 2 月中国春节，我和另一位国际部主任决定带学生去附近的中餐厅过年，可天气预报说晚上会下雨，而且温度会降为零摄氏度左右，可能会有一点

美国贵族学校学生参访上海世博会

冰雨，就是因为这种可能性，学生处的负责人就硬是禁止学生离开学校。

我现在所在的佛蒙特学院，跟中国杭州一所一流的住宿高中有更紧密的关系。我们会把学生和一位老师派往合作学校待上整整一个学期。学生在一位教师的支持下通过网络、视频等方式继续完成在美国本校的课程，同时学习中国语言文化并体验当地生活，从这个项目回来的学生对于中国文化有了更深刻的理解。

除了在校内设计国际化的课程，以及不同国家的校际交流以外，还有夏校，美国学校承认合作学校的学分，在不同国家开设分校等各种形式。总之，现在学校国际化所衍生出的各种项目如同雨后春笋，国际化的进程中的确拉近了世界各国学生的距离，学生会越来越学会包容、理解和欣赏多元文化，人们也将越来越享受到真正"地球村"的美好。

第四章　大学申请——100% 升入美国名牌大学

对于来美国读高中的绝大多数中国孩子最终的求学目标是进入美国著名大学。当然只要去了著名的美国高中，按部就班地走，总是能够升入美国著名大学，毕竟很多著名的美国高中4年制大学录取是100%的，但我们这里主要谈的是升入优质的美国著名大学。

纽约环球
（教育）集
团有限公司
部分顾问

作者的一位客户收到的哥伦比亚
大学录取信

我在美国的私立学校负责国际学生，同时参与大学升学指导。更重要的是我担任纽约环球（教育）集团有限公司首席顾问 5 年以来，亲自帮助过很多同学升入世界名校，其中包括哈佛大学、哥伦比亚大学、宾夕法尼亚大学、波士顿大学、华盛顿大学、东北大学、埃默里大学、纽约州立大学、德州大学、亚利桑那州立大学、朱莉亚音乐学院、斯沃斯莫尔学院等顶级文理学院。在帮助学生的过程中，我做了如下总结：

01 最重要的是高中四年的积累，这种积累是方方面面的

第一年适应学校的生活，了解学校的课程、课外活动及俱乐部等各个方面。开始了解大学升学考试，暑假期间开始博览群书，也可以同时参加一个夏令营。第二年继续读书，开始准备考试，夏天最好找到一个与自己兴趣相关的工作或实习的机会，并且开始了解自己感兴趣的大学。第三年是美高生活中最重要的一年。选课尽量选一些难度较高的课，比如AP或者Honor课程，各种各样的考试ACT、SAT、SAT Subject、AP等尽量在这一年落实。考虑全方位地访校，了解大学的方方面面，也开始归纳总结自己的特点。第四年主要就是要继续保持优秀成绩，同时开始确定心仪的学校并且全面申请，到了第四年的下学期就是等待和补充材料，然后就是收获的季节。

被哈佛大学录取的学生

02 从 Junior 开始好好利用大学咨询办提供的各项服务

大多数美高的大学咨询办公室，从 Junior 开始对学生进行大学升学准备工作。一般下半学年 Junior 每周都会跟咨询老师见面。此外，注意办公室外张贴的各种信息，比如大学招生办来高中做讲座的，参加 College Fair 的公告，有关大学申请的必读书目、各种考试的信息、校友回访的安排等等，不一而足。

纽约环球公司重庆办事处部分员工

03 选择优质的顾问冲刺最理想的大学

通常学校的大学咨询办公室是用最常规的方式帮助学生，一位老师负责20名左右的学生，而且每个学校大学咨询办公室的老师水平也参差不齐。有的学校老师非常资深，有丰富的资源和策略，有的学校老师只是了解大学申请的常规步骤而已。如果遇到后者，而自己又没有足够的能力搞定理想大学，这个时候可以考虑选择资深的大学升学顾问。一般来说，有三个标准：第一，顾问的教育和从业背景；第二，顾问的成功案例；第三，做个简单沟通后了解这个顾问的为人和气场。

作者在深度考察美国大学

　　因为本书的主题主要是关于从美高招生办主任以及申请美高的角度探讨美高的方方面面，所以对于美国大学申请，我暂且不过多展开，如果真有兴趣，可以直接跟纽约环球联系，我们会提供关于申请美国大学的免费咨询。

作者在关于美国大学录取的深圳研讨会上

中编

美高
招生办
主任手记

第一章　寄宿学校展会

　　秋天，是我们招生办主任、副主任或者助理走出校园到美国各个地区以及世界各地去招生的季节。招生办的各个成员各自负责不同的区域，英文是"Territories"。我作为本校唯一的亚洲雇员，国际上自然负责亚洲区域，美国国内的我主要负责 Mid-Atlantic 和美国南方。我们学校基于地理位置（美国的东北新英格兰地区），南方的市场很小，所以美国本国的市场我以负责 Mid-Atlantic 地区为主，什么是 Mid-Atlantic 呢？地理上该区域主要是指纽约、新泽西、宾夕法尼亚、马里兰、华盛顿特区、佛吉尼亚甚至也包括一些南康州地区，也就是美国经济最发达的地区为主。因为我以前住在纽约和南康州十几年，从地缘的角度我相对比较熟悉，所以就负责该地区。

　　我选择三次 boarding school fair 的经历为大家分享，其中两次是在 Mid-Atlantic 地区的纽约、曼哈顿和新泽西。还有一次，我选择不是我本人主要负责的地区，也就是佛蒙特本地，希望能帮助大家从不同的角度来了解美国的寄宿学校展会。

01 地球上最多元文化的家庭盛会
纽约曼哈顿展会

　　在曼哈顿的那次展会是 Parents League of New York 举办的一次规模非常大的展会，一共有 120 多所寄宿学校参加，全美国一共 300 多所寄宿学校，参会学校将近一半。展会选址在曼哈顿上东区的位于 Park Avenue 的 Loyola School。

曼哈顿举办的全美 128 所寄宿学校展会

　　时间是 2018 年 9 月 26 日下午 4 点 30 分到 6 点 15 分，我当天下午提前半个小时到上东区，附近几个车库全部爆满，幸好，街边刚好有一个车位，我停了下来，进入场地，已经是人头攒动。我以最快的速度把 Vermont Academy

的展台设好，欢迎前来的各个家庭。正对面就是我多年好友 Thad Gaebelein 家族建立的学校 Stony Brook School（纽约长岛石溪学校），右前方是两所 Phillips 学校——Exeter 和 Andover。

纽约的寄宿学校展示会可以说是地球上最多元文化家庭的一场盛会。各种肤色、各种语言、各种服装打扮的人们，还有形形色色的顾问、中介、语言培训机构、教育俱乐部负责人，等等。

一般来说，来纽约 boarding school fair 的人们由于选择特别多，所以会尽可能比较高效地访问每一所感兴趣的学校。一方面学生和家庭的语速动作比较快，另一方面参访的家庭会事先对于来访学校做出研究，然后根据优先级别来选择学校访问。

还有一种非常有效的方法，对于日后有机会参加 boarding school fair 的家长们可以参考。因为我们学校，也包括其他很多学校的 inquiry form 设计得比较长，一个孩子要填完信息需要花很多时间，其中几个参访的孩子事先在帖子上打印好自己的相关信息，基本上跟我们要询问的信息是大同小异的，然后我们简单交流以后，他们把这个事先做好的一面带胶的帖子直

学会高效地填写信息表

接贴在我们的 inquiry form 上，这一点的确比较有效，而且打印的信息往往比手写的更加容易辨认，不仅效率高而且准确，是个值得家长学习的方法。

在 boarding school fair 上，除了提高效率，能够参访到更多的学校，还有一点比较重要的就是通过交流给学校留下深刻印象。比如这次纽约 boarding school 上，一位来自喀麦隆非洲裔的母亲带着一个女儿，女儿非常认真地填写表格。不仅如此，因为她母亲提到她的女儿还好，因为其所在学校有高中，而她的儿子更加重要，因为她儿子的学校没有高中，所以女儿帮她哥哥也填写了一份。看得出来，他们对 VA 非常认真。我跟她和母亲提到我曾经有个在南康州的同事也来自喀麦隆，并且提到我们学校目前有一个非洲人来自博茨瓦纳。她母亲则说什么"南非不是真正的非洲，东非和西非才是真正的非洲"等等。此外，她还提到喀麦隆的地图像女人的身材，后来我看了一下地图发现果然如此，这种简单的对话就能够给我留下难忘的印象。所以参访学校的家长一定要学会给

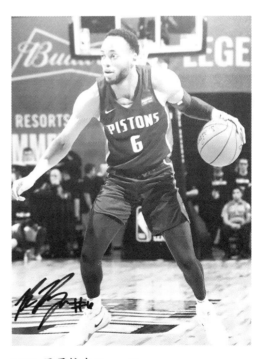

NBA 巨星校友 Bruce Brown

招生办留下深刻的印象，当然我指的是正面的、独一无二的印象。还有好多纽约的孩子过来问关于篮球的事情，因为我们学校近几年出了一个哈佛大学篮球队队长和 NBA 篮球巨星，所以篮球项目对孩子的吸引力是没得说的。

　　在 boarding school fair 上，尤其是在纽约这种地方，除了面对家长以外，还有就是形形色色的留学教育公司等。比如这次就有好几个陌生的教育公司过来搭讪，他们要帮助学生了解不同的学校以及录取要求。此外，还有一些培训机构，比如英语培训机构过来发名片。

　　我们每次 boarding school fair 除了跟家长、学生以及形形色色的教育机构交流以外，就是我们招生办之间彼此的交流。我们一般都会选择与附近的同行交流。比如这次我主要是跟对面的 Stony Brook School 聊天交流，因为毕竟有共同的熟人，了解到他们学校的 STEM 的确很强，学生在高中阶段就已经初步接触到人工智能的课程。

两所 Phillips 的招办主任紧紧相拥

　　此外，我还跟 Phillips Exeter Academy 的招生办主任 Nick 交流了很多，这个学校国内的家长大多比较熟悉，就是跟 Phillips Andover 齐名的两所最好的 boarding school。Nick 特别强调如果一个申请人只是冲着 Phillips 的名气，而不能真正地说清楚自己是如何用 Phillips 这个学校作为一个平台，并结合自身的特点来实现未来价值的话，即使你分数再高，Phillips 也不会考虑。我们还交流了秋季来中国出差的一些情况。其实在美国不管一所学校多么优秀、多么顶尖，对于市场这块都不会松懈下来的。Phillips 每年都会到中国的几个大城市做宣讲会。

　　这一点也是对申请人的一个提醒，不论孩子自身多么优秀，如果想申请到好的学校还是需要申请策略的，学会怎样把孩子的优势展示出来。

曼哈顿展会 VA 展台

02 "资源"是去寄宿学校的 DNA
新泽西展会

相对于纽约的出差，去 Rumson Country School 的出差就是两种截然不同的体验。

我们为什么要选择去这里出差呢？

首先，这个地区必须比较富有，因为这是基础，否则很难负担起高昂的学费，当然我们中国人会比较直接用"富有"这个词，我们招生办主任之间更倾向于用有"resource"这个词。其次，这个地区的孩子一般来说有去寄宿学校读书的传统。我开车进入该地区后，发现这边的住宅水平跟我曾经工作过十年的 New Canaan 真是有的一比，古堡豪宅镶嵌在草坪树林之间。展会上来的家庭也相对单一，大多数是该地区的富有家庭。询问学校的时间也比较长，谈得也比较深入，而且教育机构非常少。非常顶尖的学校比如 Hotchkiss 跟 Phillips 等招生办主任并没有来，而是当地的校友过来负责。比如在我左边第二个台子的 Hotchkiss 就安排了一位黑人校友，是来自特立尼达的。

新泽西展会 VA 展台

03 从纽约到佛蒙特是为了生活质量还是为了丰富人生？

佛蒙特展会

　　还有一次代表 VA 学校去本地的一个初中 Grammar School 参加 school affairs。我和同事到了以后先是跟 Grammar 学校的负责人包括校长 Nick 寒暄，然后就到了展台，先是布置展台，把一些宣传品摆放好，然后就开始等学生和家长了。基本上是从 Small Talk 开始，比如几年级、哪里人等等，孩子和家庭来看学校要学会 Small Talk，这样便于拉近距离，建立关系，而且会比较亲近些。比如一个家庭提到住在纽约，我也提到曾经住在纽约，我问及他们为什么搬到 Vermont，他们说是为了 quality of life，或许有些人真的就是这样认为。因为见识过这个世界，还真就无所谓生活在大都会还是田园乡村。

　　美国人选择学校主观性比较强。他们也许觉得学校比较好玩儿，或者跟招生官谈得来，就有可能选择这所学校了，而中国人必须看排名。比如这次学校的 affair 有 Choate 参加，如果在中国肯定是门庭若市，可是在美国并不见得比我们 VA 有更多的人。一方面说明中国人比较功利主义，有时活得很累；另一方面也的确说明中国人注重教育，有时会牺牲眼前的舒适而着眼于未来的发展。

第二章 招生办主任的中国出差

　　每年很多私立学校的招生办主任会选择金秋时节飞到中国的主要城市，那么到底这些招生办主任在中国做些什么，莘莘学子以及家长能从中学到什么，有留美计划的家庭应该怎样有效地利用这些机会呢？我以最近的一次，也就是2018年11月以佛蒙特学院招生办主任及国际学生主管的身份，到中国出差的实例来分享给大家一些最直接的信息。

01 培养哈佛篮球队长和 NBA 明星的学校
上海

　　Day 1　抵达浦东机场已是深夜。20 年前我还在上海华东师大任教时，最爱夜色中的上海：洋场十里，华灯初上。这次先入住陆家嘴的金茂君悦大酒店，一般来说我们会选择城市中心并且交通便利的酒店，为了方便来自城市各个地区的家庭。

窗外夜色中的外滩

Day 2 一大早，我先整理从美国带来的各种资料，早中餐后，一位毕业于哈佛大学教育学院的独立顾问通过哈佛的关系找到了我。她来自中国台湾，现居上海，主要帮助中国孩子申请美国著名的学校。她的收费很高，但也的确会花了很多心思跟美国学校的招生办详细了解学校的各种情况。

相对于中国各个城市规模特别大的留学机构而言，这种独立顾问有些类似于米其林餐厅，而那些规模特别大的机构在各个城市都有分公司，反而有些像麦当劳、肯德基之类的快餐厅。诸位家长如果能够选到好的顾问，踏踏实实为孩子考虑，分析孩子的特点，权衡学校的利弊，真正站在孩子的角度，为孩子选择最适合他自己的学校，是件很有意义的事情。只是国内的留学机构鱼龙混杂，家长一定要认真谨慎，如果条件许可，最好能够直接联系到美国的顾问或者学校的招生办。

留美顾问的来访

晚上跟高中同学在酒店附近聚餐，其间，了解到很多中国家长开始对美国的高中尤其是私立高中关注起来，但是对美国学校的认知还是雾里看花。有的认为美国很不安全，想去加拿大读书；有的认为孩子高中去美国太早，说一定要念到大学再去。国内很多人认为美国不安全，美国的确有些地区会有不安全的因素，但真正到过美国的人才知道美国绝对不像很多媒体报道的那样，所以家长并不用过分担心。

笔者经常在中美两个国家之间穿梭，发现不管中国还是美国，许多媒体只是因为利益或者对世界的一知半解，经常会误导民众。有的家长犹豫孩子是高中还是大学去美国，这个问题没有统一的答案，中国家长喜欢标准化答案，可是真正的教育却是因人而异的。比如从孩子语言发展的角度，当然越早去美国越好；而如果自己孩子的自律性太差，那么晚些出去则会比较好。而有的同学半开玩笑说直接把孩子带到美国我在的学校读书，我告诉他们，其实美国的私立学校可谓千差万别，不是随便去一所学校就好了。

晚餐后，我回到了金茂君悦的 54 层大厅，上个月申请了我们学校的一个孩子的父母已经在大厅等待了。父母主要是想亲自了解孩子的情况，我于是跟他父母聊了孩子面试的具体表现。他的孩子已经在我们学校附近的初中读书了，我们

从酒店 74 层俯视浦江两岸林立的高楼时，使命感油然而生。

在美国称作 Junior High。其实对于很多想申请著名美国高中的中国学生，先去 Junior High 占个位子，比从中国大陆直接申请著名高中的机会要大很多。同样的道理，先去美国高中占个位置，然后再申请著名的美国大学，也比直接从中国大陆申请容易很多。

Day 3　时差倒得还算不错，第二天一觉醒来已经 6 点多，我打开窗帘，从 74 层俯视浦江两岸林立的高楼，感叹这座伟大城市的同时，作为一名 20 多年以来跨越中美的教育工作者，使命感油然而生。

今天的讲座安排在金茂 83 楼董事会议室。早餐后，所有的预约嘉宾就准时到场了。整个讲座分为两部分，一部分就是美国的留学政策，招生办主任内幕分享以及面试的技巧等，另一部分就是全面介绍美高 Vermont Academy，然后预约面试。对于讲座的具体内容，我简单分享如下：

作者在留学美国高中讲座上的分享

首先我跟来宾分享美国的留学政策。最近一两年由于特朗普"美国第一"的政策，加上白宫政府的极端分子，比如 Stephen Miller 等民粹主义的滋长，大有一种要限制留学生的趋势，尤其加上美国政府认为中国的高端留学生盗窃了美国的技术机密等原因，似乎为中国学生留学美国雪上加霜。而实际上，Stephen Miller 在美国并不得人心，连《纽约时报》都有题为"Stephen Miller's Uncle Calls him a Hypocrite"的报道。而特朗普本人在一次和乔治城大学主管外交政策的格林教授谈话中，也提到了美国的大学并不只有哈佛、耶鲁和普林斯顿。言外之意，美国的普通大学从财政的角度也是需要国际学生的。

此外，美国为了科技创新，也不可能闭关锁国。但有一点是可以肯定的，在特朗普时代留学美国政策相对会收紧。相对而言，特朗普时代留学美国又会回到二三十年前的精英时代。只要孩子有真本事，就不用过多担心美国的留学政策。

讲座后作者与部分嘉宾的合影

至于招生办主任内幕分享和面试技巧我在金茂董事会议室只讲了最简要的，读者可以参考本书的第二部分第六章和第三部分第八章。讲座期间，我的高中同学、大学同学、美国加州来的一位苹果公司高管，以及上海本地的一名记者也先后参与进来。中午以后就开始给上海本地以及从南京、杭州和宁波等地专程赶来的孩子和家长面试。

Day 4   上海毕竟是中国家庭出国留学的领军城市之一，我做了整整一下午和接下来一整天的面试。晚上，我美国的招生办同事完成了他的东京、首尔之行后也来上海与我会合。他特别喜欢住香格里拉，为了照顾我的美国同事，我也从金茂搬到了香格里拉。当晚，我们就在香格里拉接待了 VA 的上海家庭。我们跟父母交流了孩子在学校生活、学习、社交、运动以及升大学准备的方方面面。父母，尤其是中国父母，最爱聊的就是自己的孩子。我们招生办主任今晚的任务就不再是招生，而是把家长各个方面的建议以及对孩子的期待记下来，于两周后带回美国，更好地帮助孩子。

Day 5   次日早餐后，10 点跟 Brad Li 的父母见面，聊了一个多小时。Brad Li 是已经约好要到我们学校来面试的孩子。记得在美国时已经从字面上了解到这个孩子，英语很好，托福考了 110 分，综合素质都不错。而眼前的父母，

作者与上海家庭的 VA 聚会

尤其是母亲用流利的英语跟我们聊孩子的方方面面。聊天中父母特别提及 Brad 在当前学校中的领导力，而领导力这一点，在美国的中国学生中似乎相对关注得较少，所以我们印象特别深。

对于想申请著名美高的中国学生，在领导力这个方面要学会加强。其实所谓的领导力就是能够有责任心站出来说话，有总结的能力以及同理心等。这一点，我呼吁在美国的中国学生以及中国人一定要学会提高。此外，美国的名校比如哈佛、耶鲁对录取中国学生的标准一般来说比其他国家学生要高。这一方面的确有对种族不公正的成分，但其实还有一方面是被很多人忽略的，美国的大学认为中国学生虽然会认真学习、成绩好，但社会参与度不高。而如果只是学习好，社会参与度不高则直接影响到孩子在大学以及大学毕业后事业的综合发展，而事业发展好的学生往往会对母校有更好的回馈。

所以学校对于亚裔表面上不公正的待遇实际上是为自己学校发展考量的，这也就是为什么很多问题都要一分为二来看的。尽管如此，作为在美国学校招生办工作以及负责国际学生的教育工作者，我还是会一如既往地为中国学生争取最大的权益。

下午跟来自上海的一家教育机构的三个顾问聊天。其中一位毕业于 Claremont，顶尖的文理学院，但有的家长不懂，还以为是社区学院呢。所以跟很多家庭宣讲时，让他们明白真正的美国教育不是很容易。上周面试了一位来自加拿大爱德华王子岛省的加拿大籍华人家庭，她父亲拥有加拿大名校的博士学位，然后在中国的香港理工大学做教授，母亲则是江苏电视台的女主播。他们后来全家移民加拿大。即便这样书香门第的家庭，面试时，孩子提问之一就是到底美国的 university 和 college 主要区别是什么。当然作为面试官，我认真地回答她的问题。主要就是 college 比 university 更侧重教学，所以 college 相对而言，本科生的比例也更高。

招生办和留美顾问

　　此外，美国的文理学院相对于大学更加的遁世，而 university 则更加入世。而我们很多中国人直到今日还认为 university 一定比 college 要好，这是不了解美国教育。

　　来上海好几天了，每天都忙得不可开交，终于今晚略有闲暇，和同事去了上海中心的 118 层去观光，然后去了环境优雅的雍颐庭去品尝往日熟悉的淮扬菜。中国上海的摩天大楼在世界上可谓无与伦比，中国的美食文化亦是登峰造极。可是我更期待的是中国的软实力，比如教育、创新能够快速发展起来，如果有一天中国的教育能够跟上国内的硬件设施，那才是中国真正伟大之日。

　　Day 6　我们就去了浦西的一家教育咨询公司，稍作寒暄之后，我和 Dave 便先后接受了公司顾问和媒体关于 VA 的采访，我主要谈 VA 和亚洲。为了给大家提供最客观的信息，我把访谈录整理如下：（为了忠于访谈，我不做文字编辑。）

作者接受顾问和教育媒体的采访

顾问：来学校面试的孩子一般对于学校的什么方面不太清楚？

作者：跟学校的匹配。比如现任的哈佛大学篮球队队长就是从我们学校毕业的，今年又一个被哈佛录取的学生也是我们学校的篮球队队员。当然我们学校打得更好的去了NBA。而有个学生来面试说喜欢我们学校是因为他特别喜欢在我们学校学高尔夫，高尔夫显然比我们学校的篮球要弱很多。

顾问：在你面试的很多中国学生中有哪些留下了深刻的印象，能不能举个例子？

作者：好多好多，比如一个从武汉来的中国学生到我们学校面试了两次，我们没有要求她面试两次，她自愿面试两次。她小时候1岁学英语，觉得国内压力大，到了美国会如鱼得水。还有一个印象很深，他爸爸是清华大学的法学教授，很低调，实际上在政府机关有更高的职位，杜克大学董事成员，家庭背景教育非常好，但是到了我们学校并没有打听学术，而是问我们学校有没有高山滑雪。我说有，他说他的孩子在北京高山滑雪青少年组前几名。这位家长在新英格兰学校一定要选高山滑雪的学校，父母和家庭都知道孩子想要什么，而不是一味追求读书本身。

顾问：你在面试的时候想找什么样的孩子，什么特色的孩子？

作者：首先是全面发展。但就如我刚才提到，篮球是学校的传统，还有就

《胡润教育》报道

是艺术，基本每年都有去顶级艺术院校，比如罗德岛、纽约的视觉艺术学院。学校的女足也很强，当然希望找到匹配的孩子。滑雪项目也不错，学校有自己的滑雪山，供学校师生自己享用的。

顾问：学校大就是好，450英亩，对吧？

作者：对，450英亩。

顾问：对即将访校的新生有什么好的建议吗？

作者：基本的考试在国内完成，然后一定要搞清楚为什么来我们学校。在各方面全面发展的前提下，最好会有一些特长，比如我们刚才谈到的篮球、艺术、滑雪等。

顾问：对于学校的特色还有补充的吗？

作者：我一直在大城市居住，第一次来VA就被这个学校的美丽风景和优良环境吸引了，当时我在想自己能不能从一个大城市来到这个像世外桃源的地方居住，结果我去了，我还是非常喜欢。校园非常漂亮，这是我的补充。

顾问：我补充一个问题，你说面试学生的时候，同时也要看重他的家庭因素。那么对于要去访校的家长你有什么建议吗？

作者：非常好的一个问题，我曾经面试过一个小女孩，她要从另外一所学校转校过来。她的情况比较特殊，一方面是转校，而且成绩也不是特别好。我们面试完学生，就面试家长，当时面试她母亲。我们面试都快结束了，可是她的母亲竟然用10分钟的时间在讲她女儿的男朋友，我想这个讲一句就行了，可是她反复强调女儿男朋友的优秀，父母是北大的教授。她讲了很多，但我们觉得这个话题跟她女儿的关系不是特别大。所以我对父母的建议是该说的说，不该说的没必要说太多。

顾问：所以这是你提出的对家长来说的一个禁忌？

作者：对，还有我们一般会问到，怎样培养孩子的，在家里有什么特点。因为我们不仅决定是否录取他，还会考虑如果录取了，到美国后，我们怎么帮他提高。

顾问：还有一个小问题，刚才你说篮球比赛，那么校际和城际比赛，成绩是怎么样的？

作者：具体比赛我不是最了解，成绩不错，否则也不可能在篮球方面出这么多人才。今年又一个 Thomas O'Neil。

采访完毕后，我们又跟公司的高管开会。谈到目前国内也开始兴建名目繁多的国际学校，当然有个别的还可以，可是大多数还是处于非常初级的阶段。当然，或许经历了100年之后，中国的寄宿学校有可能真正发展起来，如同美国经历了一两百年发展起来的寄宿学校，源源不断地吸引着世界各国的学子那样。我们还谈到中国家长对于排名的固执，实际上排名这种简单粗暴的事情之所以在中国很有市场，还是说明我们的教育工作者并没有真正地在做个性化的教育。这一点，我们的确还有很多路要走。

接下来下午和晚上分别跟几个教育机构人员开会。先是应邀去了一家由一个海归朋友成立的纵横教育公司，跟 CEO 一起培训了公司的高级顾问并且解

会晤纵横教育 CEO

答了一些家长有关美高招生的问题。然后我们回到宾馆，大厅里一个留学公司的代表已经在等候，但没有什么太多新鲜的东西。完后，我们访问了 Shang Learning，一个叫 Andy 的负责人接待了我们。这是一个培训机构，但不同的是，他们培训的不只是语言和考试，而是中国教育中比较缺少的软实力，也就是为了留学美国的素质教育。我在 2019 年的中国出差也接触了一些类似的机构，比如为我们推荐优秀学生的思博达。

晚餐时，大家继续聊教育，Andy 本身中学毕业于中国学生家长心目中趋之若鹜的 Choate Rosemary 高中，大学则去了 Haverford College 这所一流的文理学院，言谈之中，他特别喜欢这所学校，可是他上海很多身边的朋友却以为他毕业于一个什么很差的大学。期间他谈到 Choate 的招生办会跟发展办公室有联系，换句话说，就是家长的捐赠对学生录取会有一定的影响。这一点上，我们 VA 显得淳朴许多。其实美国很多学校对于捐赠，尤其是大手笔的捐赠还是很看重的。美国Youtube上有一段录像名为"College Admissions Game Video"，非常写实，其中一个GPA2.8的孩子排在所有申请人中第一位，被学校录取。因为录像的解说是"If your last name is Gates, and the name of the college library is Gates and it's not the coincidence, move all the way to the front of line and stay there"。

晚餐后，前北京新东方的校长已经在香格里拉大厅等候，我们又聊起了中国的教育改革等话题，直到午夜12点才结束了繁忙的一天。

作者跟Shang Learning的
CEO（左一）聚会

02 中国家长真的了解美国教育吗？
北京

Day 7 离开上海，便飞往北京。我们飞机延误了两个小时，午饭直接略过，应邀到了樱之叶，由 Nancy 接待。我们先是共同面试了两个学生，条件还不错。孩子衣装非常得体优雅，英语也不错，一个是沈阳的，一个是乌鲁木齐的。沈阳的孩子更显灵巧些，言谈中还参入很多手势，新疆的则沉稳厚重些。面试完，我和 Dave 共同就 VA 做了一个演讲，两个人结合，效果不错。家长和公司的留学顾问向我们提出了各种关于留学美国的问题，我们也一一作答。

然后我们回到宾馆，面试了一个非常特别的女孩子。她在北外附中，由于自己太有个性，英语又好，与周围的环境不合拍，所以已经离开学校，一心想来美国读书，而且希望 1 月份就过来。我和 Dave 共同面试她，这个女孩子非常

作者在给北京的留学顾问普及美高知识

参观留学公司

天真有趣，特别活泼可爱，但是我和 Dave 看出来她的 social 可能有一点点怪，或许这也是她离开北外附中的原因之一。她的天马行空、无拘无束的性格倒是相对挺适合美国的。但面试的时候发现她搞不清楚我们 VA 在哪里，提到是不是在明尼苏达州什么的。所以对于想留学美国的孩子，在面试前要尽可能地了解学校，至少要知道一些基本的情况，否则会在面试中处于不利的地位。

Day 8　我们起床后，就叫车直奔我们老朋友 Jennifer 的海德学校。这个学校在顺义区，在我 2019 年以"美高教父"的身份再次受邀去该校演讲了解到，在孩子教育方面，"顺义妈妈"堪比纽约"上东区妈妈"。这个学校只有初中，很多学校的学生初中毕业后就通过各种途径到美国读高中，如果在美国，海德学校可以理解成高中的 feeder school。到了海德以后，我们先是跟校长简单地聊了聊，发现演讲厅角落里有个牌子上写着 Jennifer 是国际著名教育学家。我们提到那个牌子，Jennifer 说："在中国各种各样的'学家'很多，大家都这么做，没办法，我的助理就把我包装成了'教育学家'。"

2019 年作者的美高演讲

不管怎样，我还是很佩服 Jennifer 女士的，毕竟一个美国人在中国从开补习班做老师直到开学校做教育做了 20 年，而且她说流利的中文。9 点左右，Dave 在一个教室面试这个学校的三个学生，我就在演讲厅开始以 VA 的 PPT 为基础给家长做讲座。

除了 VA 学校本身的介绍以外，我还延伸出来，给大家带来了很多美国留学的信息。家长的提问有：学校安全吗？美国留学政策收紧了吗？学校交通如

作者回访友好学校

何？孩子的生活和管理怎样？大学升学呢？什么运动有助于升学？美国网球好的寄宿学校有哪些？中国功夫是否有助于升学？Dave 面试完了三个孩子，也加入我讲座的提问环节，并且也简单地讲了一下 VA。全部结束后，我们又跟家长聊了一会儿，其中一个懂中国功夫的家长跟我们聊了很多关于孩子的情况，对我们 VA 有兴趣，可是孩子的爱好跟我们 VA 并不相配，再加上孩子全家有绿卡，有可能要移民美国上走读，所以会有更多选择。

离开海德学校，我们回到宾馆，在鼎泰丰简单地用了午餐，稍作休息，准备出席 VA 的北京家庭聚会。我在大厅和 Dave 以及邀请来的 Erik 会合。Erik 可是我 2014 年到 2017 年在南康州 New Canaan 的高才生，原籍瑞典，后加入美国，成为双重国籍。现在刚好在北京大学读书，他不仅家庭非常富有，人也特别的帅气，用中国话讲是典型的高富帅。请 Erik 一方面是好久不见，另一方面是他中英文流利，多了一座中美沟通的桥梁。

思扬的爸妈开车带我们去了金茂书院，因为是高档的私人会所，环境很上档次。聚会主持人，也是组织者 Kevin 的妈妈柯女士，非常有气质。我们先是餐前的寒暄。其中 9 年级新生 ××× 的爸妈要单独跟我交流，主要是孩子在学习和社交上的不适应，甚至遇到霸凌现象。霸凌现象在学校不管美国还是中国

作者在友好学校为家长做讲座

都很常见，但绝对不可以容忍，所以回校后我们要立即跟学生处的人反映。但从另一个方面，我和 Dave 都明白，因为他的英语的确比较弱，而且是 8 升 9，不是 9 升 9，当时如果不是我被他面试时的学习态度和决心感动，而且刚好 9 年级还有名额（就是大家传说中的补录），是很难被常规录取的。实际上录取后，他的英语教师对我都有些意见，因为这个孩子的英语的确有困难。

在美国录取了一个不太合格的孩子，一方面孩子本身比较挣扎，另一方面孩子会占用学校过多资源，而且不一定会取得最好的效果，比如学校生活以及大学升学；而如果录取了太好的孩子，有时候又会留不住而转学。所以录取这个工作真是很微妙，把握一个度和平衡很重要。当然既然已经录取了，我们学校会尽其所能把孩子培养好。其实从孩子的角度，只要他足够努力和有毅力，反而发展得更快，我对这位孩子的家长提出了切实可行的建议。美国的录取会有一定的主观性，那么孩子是否应该努力争取去超出孩子实力的学校呢？从家长的角度大家要好好思考把握，因为家长最了解自己孩子潜在的素质和性格。

每个家长都希望跟我单独交流，因为我是学校最主要的代表，但我不可能跟某一位家长单独交流太久，所以我走回主桌子，跟大家一起交流学校的方方

北京 VA 家庭聚会

作者 New Canaan 老学生加入的聚会

面面。餐前，我和 Dave 做了开场白，对各位家长的热情招待表示感谢，接下来各位家长自我介绍，然后我为不同年级孩子总的规划提出了一些建议，为 VA 的家长带来了实实在在的帮助。其中 VA 的一个学生 Candy 带来的家长和孩子被聚会的氛围、我和家长对中美教育的讨论和问答、甚至我带来的前学生 Erik 这几方面深深吸引，也决定要申请我们学校，我安排她明天直接到宾馆大厅面试。除了北京的家长，还有从附近河北以及济南专程开车过来的家长，整晚的聚会非常成功。

作者为北京的家长答疑解惑

Day 9　今天上午面试了一个 101 中学的孩子，总体情况非常优秀，英语接近美国本土人，她的选择应该比较广。而且之前她妈妈就问及我其他学校的事宜，所以这样的申请人我们也不会特别重点考虑。完后又面试了昨天 Candy 介绍的 Ella，她的综合素质也很优秀，英语比 101 中学的孩子略弱一些，但很显然，她是真正决定来 VA 读书的孩子，她带来了所有的艺术作品，非常出色。Ella 的妈妈表示如果我们能够决定录取她，她就停止和中介的一切合作，不考虑其他学校了。这种感觉有点像她自主营造了一个 Early Decision 的计划，我和 Dave 一致被孩子的艺术作品和真诚态度感染，决定当场录取，接下来回到美国只是助理的一些手续而已了。

忙碌了几天，终于有些闲暇，感谢思扬的父母亲自开车带我们去了故宫，这可能是我第十次来故宫，但 Dave 是第一次，游览故宫后，我们又参观了圆明园。真是一个悲情的园林，和思扬的爸爸交流了中国的悲情文化，比如音乐。因为中国人会觉得凄美也是一种美，未经历太多苦难的美国人是很难理解的。幸好圆明园还有一片废墟让人能够想见往日的辉煌。思扬的父母本打算请我们去亚洲大酒店共进晚餐，可 Ella 的妈妈抢先一个小时跟我们约好了，晚上 Ella

餐后团圆照

面试新生的绘画作品

的妈妈开车接我们和前来捧场的 Eben（他爷爷是 VA 校友，现在 Eben 在中国工作）一起共进晚餐，表示对 Ella 录取的祝贺。其间发现 Eben 租的房子就在距 Ella 家三五分钟的距离，真是缘分。我们晚餐上主要聊了孩子的发展以及对 VA 未来的憧憬。

作者与录取新生家庭共进晚餐

03 无处不在的"liability"是自我保护还是限制自由？

深圳／香港

　　Day 10　在香港、深圳待的时间相对比较短，加起来也就两天。如今的深圳发展迅速，至少城市建设方面可以媲美旁边的香港，深圳、香港可谓双子城。我们在深圳住华侨城，环境非常好，深秋时节空气中仍然弥漫着夏天的气息。晚餐前先跟中国（深圳）国际人才培训中心诸位管理层交流了中美教育。国内的教育市场真是一片火热，很多学校想设立国际部，也有很多商人想投资教育产业，希望能够跟我们学校合作，比如 Stem 项目的引入、夏校的推广等。

作者跟中国（深圳）国际人才培训中心交流中美教育

深圳家长聚会

晚餐我们跟深圳的家长在华侨城附近的餐厅聚会，还是如同上海、北京那样，我们向家长们介绍了孩子在学校的方方面面。然后深圳的家长提出建议和意见。其中一位家长的儿子和女儿都在我们学校读书。他为人也很直接，提出了他儿子夏天因为早来学校几天，明明宿舍空着，却不让孩子入住，非得住在旁边的家庭宾馆。这件事我当然知道，夏天的时候，这个孩子很生气，但是主管宿舍的人就是不允许孩子提前入住。

学校主要有两方面的考量：第一，住宿学校的规矩是在规定时间之前不可以入住宿舍，因为如果一个学生破了规矩，其他学生管理起来就比较困难。第二，美国人特别在乎 liability，这个 liability 简直是深入人心，如果孩子在规定时间之前入住宿舍而出了任何状况，谁来负责？我一方面理解美国人的做法，另一方面也并不完全赞同美国人的极度死板。

我理解美国的 liability 无处不在，但并不完全苟同。作为跨越中美的教育工作者，我对家长的抱怨深表理解，但同时也适当地为家长普及了一下我个人并不完全赞同的"liability"文化。还有一位家长更有趣，他告诉我他孩子最近对营养学特别感兴趣，有可能大学考虑在美国学营养学，但是做父亲的更希望孩子学习心理学，父亲告诉我如果孩子去美国学营养学，还不如直接跟他公司餐厅的主厨学习烹饪。他希望我到了美国能够潜移默化地影响孩子，并引导孩子转变思想学习心理学。为了更好地帮助孩子，我们整晚收集了家长的建议和意见。

Day 11　第二天早上，上个月来我们学校面试的Jackie的父亲来到宾馆跟我们共进早餐，言谈之中，了解到他是深圳的开埠元勋之一。我们除了聊深圳的历史，就是聊孩子的教育，他特别反对国内的"填鸭式"教育和过分超前教育，他认为教育应该遵从孩子的天性，并且辅助发展孩子的天性，这也是他为什么选择要把孩子送往美国接受教育的原因。早餐后，我们去了香港，在宾馆面试了一个香港的家庭。孩子总体表达、思维都不错，英语很流利，带有一些英式口音。很有个性，有自己的看法。喜欢历史，认为比数学有意思。一个月以后，这个家

作者在面试中国香港学生

庭亲自飞到了学校接受二次面试。晚上，跟一位印度尼西亚的华人留学美国顾问做了简单的交流，没有太多新鲜内容。

这次回国的感受之一：留学低龄化导致大家对留学美国高中的热情高涨，我几年前在另外一所学校做招生办主任时也是负责亚洲，没有像今年那么忙。为什么会如此呢？首先，美国好大学对于中国大陆直接报考的学生越来越难，而已经进入美高的中国学生从各方面都更占有优势。其次，国内的学习压力太大，直到 21 世纪的今日，国内还是如此地注重应试教育。

感受之二：国内的留学市场依然混乱，鱼龙混杂，少数优秀的公司踏踏实实在帮学生，但相当一部分公司不仅没有好好帮学生，反而制造障碍，从中乱收费。如果家长没有火眼金睛，往往很难搞清楚。

感受之三：中国的大多数家长还是比较注重排名，而实际上排名这件事情是不被真正的美国主流教育工作者所认可的。而且即便同一所学校在不同的排名网站也会不一样的，而一些排名网站并不一定真正了解学校，并且会受利益操纵。好在相比 10 年前，家长对孩子留学美国的选择逐渐趋于理性，除了排名，真正懂教育的家长会直接跟我们招生办联系，获取第一手信息，并直接带孩子飞到美国访校，这是我看到的进步所在。

暂别了，深秋时节的美丽中国

第三章　招生办的面试实例和总结

　　作为招生办的工作人员，我工作中的重头戏之一就是面试世界各地申请来我们学校读书的孩子，因为本书的读者群以我们亚洲家庭，尤其是中国家庭为主，所以我先谈谈亚洲孩子和父母的面试情况，其中以中国的为主，然后再谈谈亚洲以外国家的面试情况。我选取的案例有公立学校的，有私立学校的，也有在国外读书的中国学生以及家庭教育的学生。除了有面试学生的，也有面试家长的，有校园面试的，也有视频面试的。表达形式上主要有面试实例和面试总结两种。通过本章，不仅能够有助于申请美高的同学准备美高面试，而且可以通过面试这个小小的窗口了解美高教育，以及窥探一些其他国家的教育。

作者在办公
室面试优秀
学子

（注：为了尽可能忠于实际情况，面试的内容我没有编辑。）

Feng：作为面试官的我

Name：为了隐私，这里只采用学生的英文名

Parents：家长

01 鼓励还是批评？
中国学生和家长的面试实例以及面试总结

☆ 这位学生是北京外国语大学附属中学的中国学生，用的是Skype视频面试。

（公立学校）

Feng: Tell me about your Chinese name.

Mata: My Chinese name is...

Feng: Tell me about your current school.

Mata: Beijing Foreign language school affiliated with Beijing Foreign Language University. The school is very close to me. Teaching and learning is really good, not too much sports. A lot of time to choose to what to learn. I join our school team of art.

Feng: Tell me your favorite teacher.

Mata: Class leader teacher.

Feng: Give me an example about overcoming difficulties to achieve success.

Mata: Equestrian improvement process.

Feng: Have you ever been controlled by the horse?

Mata: The horse is scared by flower and grass by windy day and continue to run and then I lost control.

Feng: Yeah, we always learn from failure. Tell me about your parents.

Mata: Dad is working for computer, mom used to work for computer and now housewife. Mom has more influence on me since dad is busier.

Feng: Why study in America?

Mata: The way of teaching. I like harkness table when I was in Australia for a short time. In China, teacher in front and students line by line, we fall sleep, not focus. Also, I like different cultures. I can spread Chinese culture in America.

Feng: Why Vermont Academy?

Mata: Biology and environment science. I think sea level will decrease, not increase as a result of global warming. Iceberg density is less than water. When iceberg melt, it will occupy smaller space, so sea level decrease. I want to find out it really increase or decrease.

Feng: Good point, not sure correct or not, but good perspective. Have you applied other schools?

Mata面试前在校园
参观机器人实验室

Mata: Yeah, all in east coast.

Feng: in New England area?

Mata: East coast I think. For example, Ethel Walker, Miss Porter, Westover, Darlington.

Feng: Do you have any questions for me?

Mata: What students do for short holiday at VA?

Feng: Museum, shopping, visit a city; tour program; college visit; Some fly to China or friend's home in the States.

Mata: Is the dorm closed in the summer?

Feng: It's open only for summer school.

Mata: What about the dormitory?

Feng: Closed.

☆ 这位学生是加拿大爱德华王子岛省的中国学生，校园面试，当前不在任何学校读书，属于 home education（家庭教育）。

Feng: Can you tell me about your school?

Vivien: I'm at home, I finished 10th grade at PEI. Just an ordinary high school, public school. 25 to 30 students in class. 500 to 600 students. Compared with most high school in the States, it's small.

Feng: Most school in Canada is public school, right?

Vivien: Yes, most public school. Some friends went to private school, not great.

Feng: Where were you Before high school in PEI.（爱德华王子岛省）

Vivien: All different schools in Hongkong.

Feng: What's your favorite subject, what do you do at home?

Vivien: It's kind of independent. My brother also does homeschool. We bought book, if we have any questions, we ask Dad or google.

Feng: Your dad is an educator?

Vivien: 20 years ago, he got his PHD in Canada. Moved back to HK to be a professor, Polytechnic university, then started a company. No more professor. My dad did research and capital, hedge fund, yeah, pretty interesting.

Feng: Now you apply America school, what is your favorite subject?

Vivien: History and math, most Asians good at Math. History, you can learn a lot. I want to like to learn the world more.

Feng: Favorite teacher?

Vivien: My arts teacher, painting, pencil drawing, water color, visual art like photography. I like Vlog (Video and blog) .

Feng: Do you like sports?

Vivien: Yeah, I like it. Playing volley ball and basketball will grow taller because of jump.

Feng: Do you know the birthplace of basketball? It's in Spring-field, not far from here. Tell me about your family.

Vivien: We already talked about my dad. When mom was in

China, she was an anchor.

Feng: Which station?

Vivien: Jiangsu TV station, she is Nanjinger. Then she is also a freelancer writer, now an editor in a magazine, both English and Chinese.

Feng: Who influence you more?

Vivien: Both influence on me. Dad researcher, rational thinking, mom, write poetry, writer, influenced by her writing and those things.

Feng: Very interesting thing. Why study in America?

Vivien: It's not really because of America, it's because America has the school. For me, it's the diversity, with the textbook, you can learn yourself. I think the special thing is that the community and you can learn more outside of the classroom. Someone from South Korea, someone from Germany. Classroom with harkness table. In Canada, similar to China.

参观米都塞克斯学校
的圆桌课堂的教室

Feng: What's the difference between American school and Canadian School?

Vivien: I think the public school is similar, In Canadian public school, it's more like China. Big classroom size, no harkness table, overall, not that much discussion, lecture. Students sits like row. Like in China. Someone hides back. I think public school in Canada more similar to America. At least, Canada can move the table.

Feng: How's your tour to other schools?

Vivien: Westminster, West Reserve, I like VA because of population. I don't like big school, overwhelming. You never know most people by the time you graduate.

Feng: Any questions for me?

Vivien: Do you know school Peddie. My tour guide told me Peddie has too many Chinese students.

Feng: Some schools in California has 50% Chinese students, here we balance. You think you are Canadian or Chinese students since you were born in Canada?

Vivien: I consider 60% Chinese and 40% Canadian.

Feng: We love multi-culture backgrounds.

Vivien: Questions about college and university.

Feng: College is more liberal arts, focus on more undergraduate education.

Vivien: She confirm that they are different, not worse or better.

Feng: like compare apple and banana.

☆ 这位学生是北京一所国际学校的中国学生，用的是 Skype 视频面试。(私立学校)

Feng: Mom from Kazakhstan, dad from Beijing? What language do you speak at home?

Kevin: I speak a little Russian and Chinese with them.

Feng: So you speak Chinese, Kazakhstan, English and Russian. You are in a Canadian international school in Beijing, right? Why in Canadian International School?

Kevin: I like the school.

Feng: Lots of teachers in your school from Canada?

Kevin: Yeah, I learned English for four years.

Feng: What's your favorite subject?

Kevin: English.

Feng: What do you like to do during spare time?

Kevin: Watch movie and play soccer.

作者在视频面试学生

Feng: Which city in Kazakhstan?

Kevin: Almaty.

Feng: Tell me about your family.

Kevin: Dad goes to Russia to work, even living in Beijing and he is the manager of the company; my mom is full time mom, taking care of us. My mom and dad go to the same university in Beijing.

Feng: Who has more influence on you. Mom or dad?

Kevin: My mom because she spent more time with me.

Feng: Why do you want to study in America? Why not in Russia since your dad work for Russia?

Kevin: I am not really interested in Russia.

Feng: Why VA?

Kevin: The information I read is great. Do you have movie club?

Feng: No, but you can create one. It's nice to meet you and I like your multi-cultural background. I hope you have a good night.

Kevin: Thank you and you have a nice day.

☆ 这位学生是在美国新泽西公立学校做交换生的学生，用的是 Skype 视频面试。（公立学校）

Feng: Where are you now? John.

John: In New Jersey, North Harrington high school, for one-year exchange program. Everyone is nice. I was in Chinese middle school before, Hangzhou Jianlan middle school. I was in program AYP (American year P, should be American Year Academy). The program put you in school in New Jersey. My host family found me online. Program provides chance and we had our resume. American people can choose us first and then we choose school nearby. Host family are American citizen and then you are like their children and they can send you to public school.

Feng: What is your favorite subject?

John: Physics.

Feng: What else?

John: There is only one subject that is my favorite.

Feng: Do you like other subjects?

John: Math. I got all A. I'm top 10 students and Jianlan Middle school is top 2 in my city.

Feng: What is your biggest improvement since you came to the States?

John: I speak much better English than one year ago.

Feng: How many students in your class?

John: Twenty-fiv students in one class. Robotics and Painting classes are smaller.

Feng: Tell me about your family.

John: Grandfather is engineer and grandmother is Chinese teacher. Parents are company owner.

Feng: Why do you want to study in America?

John: Students in China more focus on study and they study the whole day, cuz they have to take big test, so in the

States, I have freedom to pursue what I like.

Feng: Why VA?

John: I found it online and I think it's a good academy for robotics. I just use google and see different private boarding school one by one. I checked the school one by one and I did that with my parents.

☆ 这位家长是杭州绿城育华学校的家长，校园面试。（私立学校）

2/7 绿城学校

Feng: 谈谈自己的孩子，看看有没有什么补充的。

Parents: 国内是"填鸭式"教育，在美国师生是平等的，这个年纪比较容易接受新事物，大学以后太晚了。

Feng: 从语言学的角度也是的。

Parents: 美国是启发式，国内批评超过鼓励，我们更希望正向地鼓励，而不是不要怎么怎么，应该是你要怎么怎么，而且国内还是成绩为导向，在美国做最好的"自己"，而不是一个标准：成绩好。

作者面试学生父母后的合影

Feng：在国内很难想象，在美国学校排名最差的学生仍然可以做学生会主席。

Parents：国内的高考制度不变，就很难改变。

Feng：孩子有什么特别之处跟我分享？

Parents：篮球。

Feng：我们喜欢打篮球的学生，毕竟我们的校友有现任哈佛大学篮球队队长，还有 NBA 篮球明星，比如 Bruce Brown。谈谈为什么选择杭州绿城学校呢？

Parents：在我们浙江是最好的。贵校对将来孩子升大学有多大的帮助？

Feng：11 年级就开始根据孩子进行个性化的辅导，我以前在大学工作，所以大学我很熟悉。如何申请好大学，有些国际学生都会问我，尤其是哈佛大学、耶鲁大学、波士顿大学等。

Parents：学校是怎样对孩子进行管理的？

Feng：Advisor，班导师，dorm parents，国际学生协调人，教练。一个学生有多个方面支持；不用担心不管，而是担心管得太多了，有时候手机使用也要管。

Parents：学校排名怎样？

Feng：排名我太熟了，排名有一定的道理，但还有一方面也存在着一定的利益因素。仅供参考。

Parents：学校商业教育方面怎样？

Feng：还不错。学校校友成功创业的比例比较高，也算是学校的一大特色。但毕竟是中学，以基础为主，新英格兰地区教育资源集中，很多大学的商业教育相当好。而且新英格兰地区安全、富裕，便于孩子集中精力学习。宿舍住得一般，跟国内自家居住条件没法比。不好意思，我过两分钟还有一个面试，这是我名片，有问题可以继续跟我联系。今天有 5 个家庭的面试。

02 其他国家学生和家长的面试实例以及面试总结

☆ 从"small talk"谈到开放的"New England"
美国学生和家长的面试

一开始，我跟一个叫 Ethan 的孩子以及他母亲和外婆面谈。先是聊了一些孩子与学校的基本情况。然后，我们准备一位本校的学生带着参观校园，边参观边问问题。参观完毕后，我先跟孩子"small talk"，在美国，这种 small talk 在人际关系中还挺重要的，对于面试，我至少可以帮助孩子缓解紧张情绪。其实这种"small talk"有点类似中文的"寒暄"。寒暄完后，我便跟孩子从孩子关注的 camp 谈起，然后问到孩子为什么选择 boarding school，是大人

作者带领学生参观校园

还是自己的意见？孩子提到是自己的意见，主要原因有三点：

a）想感受更大的多元化，因为 day school 这方面相对局限。

b）很多 day school 过于强调运动，运动固然重要，但还有其他的东西也很重要。

c）想独立。谈到为什么 Vermont Academy 时，主要提到 Vermont 地区 open-minded，而且喜欢户外。当然相对于马里兰州，新英格兰地区的居民思想比较开放。我告诉孩子在 Vermont Academy 你可以做到"safe to be who you are"。然后谈到学术，孩子比较喜欢英语和阅读。接下来让学生"describe a good teacher"，孩子主要提到师生讨论和诱导式教学，而不是 lecture，然后谈到孩子擅长的音乐方面。最后问学生有没有问题，学生又问了一些学校生活情况。

面试母亲时，她提到孩子有时候会比较懒，相信学校会管好孩子，我们提到宿舍中有学生 proctor 和 dorm parents 会双重管理孩子的生活。母亲提到培养孩子自信的重要性，希望我们能帮助孩子找到 confidence 的 hook，也就是找到孩子的自信点。

☆ 加拿大是如何控制优秀学生流入美国的？
加拿大学生和家长的面试

以下是与一位来自加拿大魁北克市的孩子和父亲的面试。

我先用英语实录面试孩子的问题和回答，然后用中文总结一下面试父亲的情况：

Feng: What brings to the States for boarding school?

Jack: In Canada, the curriculum is not challenging enough.

Feng: Your goal of playing hockey?

Jack: Continue to play at college.

Feng: What subjects do you like?

Jack: Math and Science.

Feng: What do you like to get in America School?

Jack: Better education and also to improve my English since English is a more universal language to connect all over the world.

Feng: How do you feel living away from home?

Jack: I'm used to it anyway.

Feng: What do you like to do if not at school?

Jack: Hockey and travel and golf.

Feng: Do you like our rink?

Jack: I love it!

Feng: Really? (Actually our rink is under construction, it doesn't look good at that point, so I can tell that this student really care our school.)

Jack: Yes.

Feng: Do you plan to learn the second language?

Jack: Probably Spanish.

接下来面试父亲，先从校园参观入手，父亲说校园非常漂亮，而且是小班教学，还看到很多年轻的教师。父亲重点提到主要想在学术方面提高孩子的水平，加拿大的学校学术方面比较弱。他已经被蒙特尔和魁北克最好的学校录取了，但还是想看看美国的寄宿学校。他爸爸说美国的公立学校 70% 到 80% 去大学，而私立学校基本上 100%。主要想让孩子忙起来，在加拿大太休闲了。但提到美

加拿大学生来访

国学校的学费，他说"really really expensive！"而且他有 11 个孩子，希望能申请奖学金。我告诉他父亲对于申请奖学金而言，现在有些迟了。

孩子爸爸问及国际学生，我们提到大约 22%，不多不少。国际学生也不能太多，因为如果太多，其他国际家庭就不想来了，因为他们要追求美国教育。提到每天晚上 8 点到 10 点晚自习，父子认为在美国学习时间真多，可见加拿大的孩子有多轻松。另外，我们接触加拿大来面试的家庭和孩子多了，都了解加拿大有些家长会装穷的，当然或者是真穷，但又想接受美国教育。

总的来说，加拿大学生对来美国读书非常感兴趣。但因为很多加拿大学生都是需要助学金的，我们美国招生办对于加拿大的生源视为鸡肋。比如，我们对于录取的但表示需要助学金的加拿大学生，甚至在名额不够的情况下都不邀请他们参加"Accepted Students Day"，除非这个学生冰球打得特别好，为了壮大学校的冰球队，我们或许会发出邀请。一方面美国不太欢迎加拿大学生，尤其是找各种理由要助学金的学生；另一方面加拿大政府还制定政策限制加拿大学生的外流。比如中学生如果离开加拿大到美国上高中，想回加拿大上大学的加

美国西部名
校 FVS

拿大公民，其学费按国际学生收费，实际上是惩罚性收费。这种读书选择的自由，较中国和美国还差了太远。

☆ 想来美国读 PG 的南美学生
智利学生的面试

　　我们很少面试南美洲的学生。有一次面试智利圣地亚哥的一位女学生。她告诉我智利分为 Traditional School 和 Non-traditional School，她是在后者读书，有点类似美国，比较注重师生平等的讨论式，而且学校没有家庭作业，因为所有的功课必须在校内全部完成。她母亲是学校校长，父亲是医生，今年开学 12 年级，想明年来美国读 PG（post graduate），家庭背景感觉不错，可还是提到要申请奖学金。相对于我面试的绝大多数中国学生，她英语口语非常不好。总的来说，仅仅从面试的角度，以及中国家庭愿意对教育的投入而言，就可以明白为什么中国学生在美国学校的表现尤其是学术表现一直遥遥领先了。

想来美国读
PG 的南美智
利学生

☆ 东京银行家的孩子回归美国
日本学生的面试

　　日本学生来美国读书的相对比较少。有一次面试了一名日本学生，他说一口流利的英语，基本和美国人没什么区别。我们聊了美日之间教育差异。他说美国教育技术要比日本更加发达，而且在学校的应用也更加普遍。学校里日本同一年级的学生学术方面更加趋同，而不是像美国这边，同一个年级里的学生水平可以差别很大。

　　在日本，如果一个孩子跟不上就必须留级，而不是像美国这样用种种鼓励和实际行动来帮助后进的孩子。问及他的爱好，他说是厨艺。问他为什么想来美国读书，他主要提到美国学校会更加培养孩子的独立思维，但同时对于美国大学对亚洲学生录取的双重标准表示不满，他明白因为他是日本人，所以去美国的常春藤大学比综合素质同等的黑人、西班牙人以及美国人要难很多。

　　日本的这个孩子很成熟，因为他身上有一个闪光点，就是他可以用批判的眼光看待事物。他还提到他妈妈作为一名教育工作者，由于工作中追求完美，经常给自己太多的压力。其实这个孩子的母亲是美国人，在哈佛商学院读 MBA 时认识了孩子的父亲，日本东京的银行家，然后从美国嫁到了日本，在日本住了 19 年，最后还是希望把孩子送回美国读书。

☆ 英语说得铿锵有力的韩国孩子
韩国学生的面试

Feng: In Seoul？

Mike: Yes.

Feng: Tell me about your school.

Mike: Private school. Most courses are taught in English. The
　　　　facility is good.

视频面试韩国学生

Feng: Population in your school (How many?).

Mike: 360.

Feng: Tell me your favorite class.

Mike: Science and Math.

Feng: Your favorite teacher?

Mike: Math.

Feng: Do you have some academic achievement this year?

Mike: Straight A in Math.

Feng: Any hobbies?

Mike: Watch movie, soccer and tennis, orchestra, basketball.

Feng: Like soccer or tennis better?

Mike: I like soccer better. I also play basketball.

Feng: Basketball is great in our school. We have NBA player alumni.

Mike: Wow, NBA!

Feng: Tell me about your family.

Mike: Businessman and housewife, my younger brother is only 10 years old.

Feng: Who has more influence on you? Mom or dad?

Mike: Mom, because she spent more time with us.

Feng: Why America?

Mike: Small class, discussion style. In my class, 30 students in one class. How many Korea students in VA?

Feng: We have five Korea students. Do you have any other questions for me?

Mike: Dorm and strong subjects.

Feng: We have one or two students in one dorm. Math and Science, Robotics and art are our strong subjects. This is my card and you can take picture and feel free to email me if you have more questions.

Mike: Thank you!

☆ 我在东南亚面试越南和缅甸的学生

2019 年 11 月，我们一行三十几所美国著名私立学校的招生办主任，以及几所英国、加拿大、瑞士和印度的招办主任在 Linden 的组织下汇聚在越南的胡志明市、河内以及缅甸的仰光。置身胡志明市中心，我仿若时光倒流回到二十年前的上海。这座历史上饱经磨难的城市近几年终于开始高速发展起来了。无数的富裕家庭开始考虑留学美国，众多即便只是说结结巴巴的英语，甚至从未来过美国的顾问也开始学着帮助这些家庭留美。我在胡志明面试了十几位学生，学生的英语水平参差不齐，一般说来国际学校的学生英语会好些。越南学生以及家庭对于留学美国还有一个特点，至少超过一半的家庭都会问及学校是否有奖学金。毕竟越南的经济比中国差距还是很大。但同时我在这也跟中国的家庭提个醒，并不是中国的学生就完全不可以申请到美国高中的奖学金。虽然说美国高中鲜有给国际生奖学金的情况，但如果孩子自身优秀，尤其有特殊才能，部分学校还是会考虑奖学金的。我在缅甸面试学生的时候，则会有更多的学生和家庭提出奖学金的诉求，其中有一位学习优秀，英语流利的学生非常想来美国读书，可就是家庭负担不起，但我相信我必定会帮助到他，毕竟我帮助过部分中国家庭获得过美国高中以及大学的奖学金。除了跟当地的顾问和家庭接触以外，我们招办主任之间也有多方面的横向交流，我们更全面地了解了彼此的招生政策、特点以及面试学生最看重的是什么。比如有的学校看重硬件成绩，有的看重个人的素质潜力和逻辑思维，有的会更在乎学生的性格以及社区的融入。

第四章 关于申请材料的审核

我们招生办是如何处理申请材料的呢？我会为大家做一个详细的分享，并在分享过程中给予申请人以有意义的启发。

01 电话、邮件还是官网？
询问环节

　　首先，我们招生办常年会收到学生、家长、教育公司等的询问，常见的询问可以是官网上填的校方询问表，也可以是直接打电话到招生办（这种主要以美国本土学生为主），也有的是发邮件过来。在各种询问方式中，我建议家长最好采用官网的询问，因为对于官网的询问，我们招生办会比较容易对学生的信息建立一个初步的档案，这样孩子就可以正式进入学校电脑系统了。

学生询问表

02 SAO、Gateway 还是其他?
递交材料

询问环节过后,如果孩子和家长对学校感兴趣,就可以开始申请了。申请一般有三种方式,分别是 SAO、Gateway 和官网直接申请,三种方式中最常见的是 SAO。以我们学校为例,大约 75% 申请人用 SAO,约 15% 用 Gateway,剩下的是直接申请或者比较少见的用 TABS 平台申请。SAO 和 Gateway 是申请美高两种最常见的平台,而其中 SAO 的用户体验更好,参与的学校也更多,自然是最推荐的。那么有的家长会问,为什么不直接通过校官网申请呢? 如果你打算只申请一所学校,当然通过官网申请最快捷。但通常很少有家长只申请一所学校,所以如果全部通过各个学校的官网,而每所学校都不一样,自然加

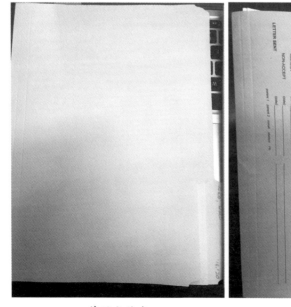

普通文件夹

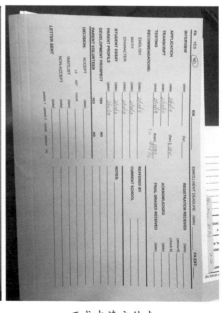

正式申请文件夹

大了劳动量。在 SAO 的平台上，你可以申请很多学校，而且很多学校共用一些相同的资料，对于申请多所学校的家长自然节省时间。SAO 系统很像申请大学的 Common App。(至于具体的如何使用 SAO，我会在申请篇的第七章为大家详解。)

搞清楚如何申请，不管通过什么申请平台，下一步就是准备申请材料。有一点很重要，如果你非常严肃地要申请某所学校，注意一定要及时缴申请费。从招生办的角度，对于通过各种途径把材料寄给我们或者从网上传给我们但是没缴申请费的申请人，我们只会创建一个普通的文件夹，只有对于缴了申请费的申请人，我们才会创建正式的申请文件夹。

绿色文件夹的封面印着 Interview, Application, Transcript, Testing, Recommendations (English，Math，Character)，Student Essay, Parents Profile, Development Prospect，Parent Volunteer，这些就是能否录取学生的主要因素。我一条一条给大家讲解。

Interview 放在首位，自然也是最关键的因素之一，很多时候是决定性因素。一般由我们主任或者副主任亲自面试，有时会邀请相关的老师参与。

Application 就是递交申请，也即缴费正式申请。

Transcript 就是当前就读学校的成绩单，也是很重要的一个因素。

Testing 对于国际学生主要就是 TOEFL 和 SSAT，每个学校对这两种考试的要求不一样，我们学校 TOEFL 是必需的，SSAT 建议考，作为参考。

Recommendations 主要就是英语、数学和班主任或者校长、辅导员等三封推荐信。

Student Essay 就是一些小的写作和问题回答。如果学生有 SSAT，我们会更倾向于看学生的 SSAT 写作，因为我们很清楚学生的申请文书有可能是留学公司或者顾问加工过的，而 SSAT 的写作才是最能体现学生真正水平的。

Parents Profile 就是父母的一些关于孩子情况的文书。

Development Prospect 就是学生家庭对发展办公室是否会有贡献，从某种意义上讲就是指捐赠与否。

Parent Volunteer 就是家长是否愿意对学校做一些志愿者的工作。

接下来是 Decision，也就是录取栏：

Accept 就是录取，录取下边又有三个小字，分别是 LS、AST、 COUN。

LS 就是需要 learning skills 的学习，AST 就是指需要特殊帮助的学生，主要是身体或习惯方面的，COUN 就是是否需要心理咨询师。

Waitlist 就是等待也即候选。

Non-Accept 就是不录取。

Letter Sent 就是录取信或者拒信发给父母、顾问或者学生，并标明日期。

FA 就是 financial aid （一般来说国际留学生鲜有奖学金的情况。）

右边跟学生家长关系不大，就不一一详述了。

我建议学生和家长材料全部交齐后就跟招生办联系确认材料是否齐全。因为文件来自不同的机构，比如托福来自 ETS，推荐信和成绩单来自校方，其他申请材料来自通过 SAO 或者官网的填写，而且美国快递速度很慢，再加上招生办工作人员偶尔会把文件搞乱，所以跟招生办确认比较重要。当然，从招生办的角度，我们也会对申请人负责，换句话说，如果学生已经递交申请了，但我们在系统中发现材料不全的话，也会联系申请人让其补齐材料。

03 1分、2分还是3分？
审阅材料

　　材料一旦齐全，我们录取委员会的人员便开始各自阅读材料。一般来说，每个学生的材料都会有四个人阅读。我们边读材料边填写审核表格和写评语。

　　表格居上的部分是学生和阅读人的基本信息，包括性别、年级以及是寄宿还是走读等。然后有一个录取有否的推荐，比如有的学生我是选择了弱录取。通俗地说，弱录取就是勉强录取。

学生基本资料黄表

Decision	Grade	Bool					Note
Decision	9th Grade	FALSE			2	2	
Decision	9th Grade	FALSE	1	1	1	2	
Decision	10th Grade	FALSE				2.5	Wait
Decision	10th Grade	FALSE	1.5		1	2	
Decision	9th Grade	FALSE	2		1	2.5	
Decision	10th Grade	FALSE			1.5	2	
Decision	9th Grade	FALSE	1		1	2.5	A
Decision	9th Grade	FALSE	2		3	3	A / Summer school
Decision	9th Grade	FALSE				1	
Decision	10th Grade	FALSE	1.5		1	2	
Decision	9th Grade	FALSE	2			2.5	A
Decision	9th Grade	FALSE					
Decision	9th Grade	FALSE	1		2	2	
Decision	9th Grade	TRUE	1	1	1.5	3	A
Decision	9th Grade	FALSE	1		1	2.5	
Decision	9th Grade	FALSE	1		2	2	
Decision	9th Grade	FALSE	1.5		2	2	
Decision	10th Grade	FALSE	1.5		2	3	A
Decision	10th Grade	FALSE	3		3	3	D
Decision	9th Grade	FALSE	1.5		2	2.5	
Decision	9th Grade	FALSE			1	2	
Decision	10th Grade	FALSE	1.5		1	2	
Decision	9th Grade	FALSE	1		1	2	
Decision	9th Grade	FALSE	3		3	3	Wait
Decision	9th Grade	FALSE	2		2	2	
Decision	10th Grade	FALSE			1	2	

Excel 统计

接下来有个评语部分，我们有时候会写，有时候不写。再下边就是总结这个学生的方方面面，分别是面试情况、在校成绩、标准化考试、英语推荐信、数学推荐信和性格推荐信、父母文书和学生文书。

四个人读完，助理会做一个 Excel 文件，把四个人的打分放在一起。一般说来，1 分是推荐录取，3 分是推荐不录取，2 分是录取委员会共同讨论再做决定。

黑色块的是获得我们录取委员会 5 人组的全面通过，每个人都给了 1 分，没有任何异议，直接录取；剩下的有 3 分的，2.5 分的基本是要发拒信的；还有一些 2 分为主的，我们一般都要讨论后再做决定。

接下来，我以实际的例子为大家说明什么样的申请人会获得 5 人全面通过；同时我举一个例子说明是什么样的申请人我们全部打 3 分，就是发拒信，以及什么样的申请人处在中间状态，也就是等待。这三种类型，对于全面通过或全面否定的我只为大家提供材料说明，因为我们不会花时间再去讨论这样的例子。我们要讨论的主要是中间状态的以及特殊情况的例子。

04 什么样的申请人会获得录取委员会一致认可？

全面通过的例子

例子一：

A 同学是来自北京 101 中学的 8 年级学生，我们招生办 11 月去北京出差的时候，她妈妈经过她在美国的朋友介绍，带孩子到我们宾馆大厅做了完整的面试，面试的整个过程非常好，给我们的印象是很聪明。她小学三年级开始学英语，现场英语表达非常流利，还参加过英语竞赛，小学 5 年级时参加了渥太华的一

China female

Applicant Name: Danning Dong 'Danielle' Grade Apply: 9 M/F: ____ B/D: ____

Admissions Committee Member: Cynthia Murphy Date: 1/23/2019

RECOMMENDATION (circle): Strong Accept / Accept / Weak Accept / Waitlist / Deny / Discuss

Needs Review: LSK / Health Team

①

Comments:

baseball

	Strengths	Challenges
Interview	bright, articulate strong English loves astronomy would do well here OEH	
Transcript	Beijing #101 Middle School A's + B's	
Testing (specify type)	TOEFL r. 21 w. 24 l. 20 s. 28 93 SSAT v. 602 q. 785 r. 647 2034	
English Rec	excellent/very good hard working well educated	
Math Rec	very good/excellent optimistic, responsible	
Character Rec	very good hardworking kind responsible	
Parent Profile	want independent global citizen	
Student Essay	mainstream	

Risk Chart (please circle all that apply):

LD　ADHD　Anxiety　Depression　Loss of parent/sibling

Eating　Self-Harm　OCD　Med Compliance　Other: ____

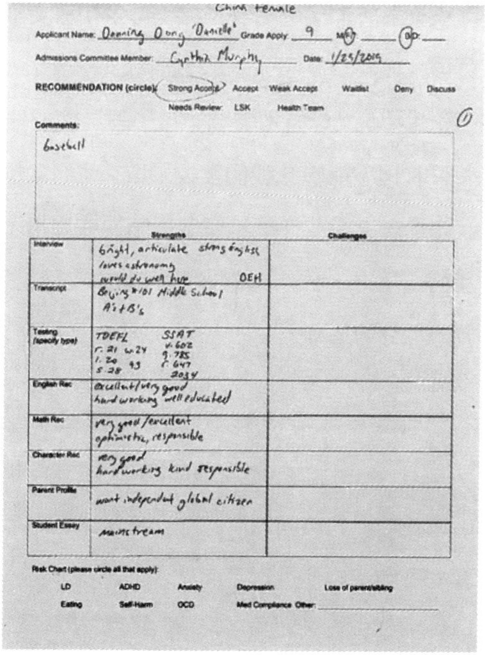

全面通过的例子

个夏令营，明白了去北美读书可以跟来自世界各地的同学交朋友，便下决心日后来美国读书，尤其是美国东海岸新英格兰地区。她喜欢尝试新的事物，在北京学过棒球，希望来美国继续打棒球，她还喜欢天文学。她还提到 101 中学是中国最美的校园，在圆明园内部，邀请我们去参观，由于时间关系，我们没去。

在北京的面试已经奠定了良好的基础，材料收齐以后。我们录取委员会分头审阅，她在 101 中学的成绩单绝大多数是 90 多分，极个别的低于 90 分。托福总分 93 分，而且听说读写各个部分比较平衡，没有特别短板的地方。SSAT 是 2034 分，文章也不错，我们看重 SSAT 文章超过普通的申请文章，因为那是现场写的，也是最真实的。她还做了 The Character Skills Snapshot，总体看来也很优秀，此外推荐信和自我陈述都很好。

例子二：

我们 11 月份去上海出差的时候，B 同学的父母来到我们的宾馆大厅，父母比较有气质，父亲比较沉稳，母亲相对更加年轻有活力。B 同学的父母说流利的英语，尤其是其母亲。我们聊了近一个小时，聊到 B 同学的方方面面，包括学习和生活。父母特别强调了孩子领导力的培养。此外，B 同学的父母还特别提出，如果 B 同学能够被我们学校录取，他们父母愿意做我们学校的上海家庭联络人。我想这对夫妻或许早年留学美国，或许出于巧合，比较了解美国文化，因为对于我们招生办，他们提出做联络人，实际上就相当于做 Parent Volunteer，是属于加分的选项。

那么为什么学生本人没有来呢？因为他正在我们 VA 附近的一所叫作 North Country School 的学校读书，也就是说，他实际上初中就在美国读了。后来我们回到美国以后，他父母又带他到我们学校来参观，我当时有其他任务，就安排助理对他进行了面试。助理提到 Brad 英语说得非常好，接近完美，而且提到他特别喜欢机器人，希望日后能够进入加州理工、麻省理工或者 RPI 来继续研究机器人。此外他还提到喜欢天文学，而我们学校刚好有天文台，他提出如果能来我们学校读书，日后争取建立天文俱乐部。他的父母在此强调希望培养孩子的领导力，并且问我们能够提供什么样的机会来培养孩子的领导力。我很欣喜地看到越来越多的家庭开始关注孩子领导力的培养，而不是多年前那样只顾孩子的考试成绩，我相信这是中国学生家庭教育的一个进步。

我们审阅材料时发现孩子的托福 110 分，SSAT 2205 分。在美国学校成绩单也是以 A 和 B 为主，成绩单上对于孩子的评语写得细致入微。三封推荐信相对于中国学校的推荐信而言，打分更加严格。申请材料独特的地方是除了要求的三封推荐信以外，美国学校的一个主任为 Brad 写了一封推荐信，很具体地描述了孩子的优势。

例子三：

C 同学有两个"两次"让我记忆深刻。C 同学来了我们学校两次，一次是 8

美国寄宿初中的推荐信

月份，还有一次是 10 月份，所以最有意思的是我相当于对这个孩子和其母亲面试了两次。还有就是她考了两次托福，第一次 97 分，第二次 107 分。面试 C 同学的时候，发现她的英语非常流利，而且表达方式很美式，逻辑思维清楚，特别喜欢历史和艺术。面试她母亲时，她提到孩子父母在清华读书时数学和科学都非常好，所以孩子应该在理工科方面也有潜质。孩子对于中国的教育分析得比较到位，有一定的思想深度。第二次又来面试的时候，我确定了她对历史和艺术的兴趣，并且看得出来她阅读量很大，思维深刻，她是个好学生，思维和成熟度远超她同年龄的孩子。她母亲是当地一个很大的教育集团的董事，从她母亲优雅的气质和知性的谈吐看得出来她对孩子的影响很大。

她的申请材料也是无可挑剔，托福 107 分，SSAT 2142 分，她还参加了 Vericant 面试，不过其实我们对于 Vericant 并没有什么兴趣。此外，她的父亲也以教育公司投资人的身份为其女儿用接近完美的英语写了一封推荐信。

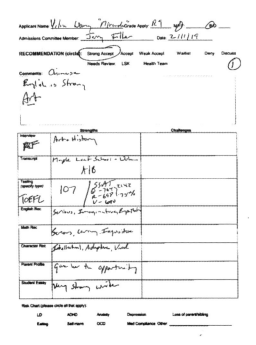

C 同学的两个"两次"

05 我等得花儿也谢了
Waiting List 的例子

例子一：

D 学生我没有面试她，是另一位同事面试的，提到她是一个普通的中国学生。她想来美国是因为觉得美国教育体系比中国好，想提高英语并且去好的大学。学生还可以，学习努力，喜欢数学，也喜欢音乐。但看得出来，不太活跃，没有什么特别突出的地方。我阅读完她的材料，托福分数很低，不到 70 分，但是她在校成绩似乎不错，大多数是 A 或者 B，推荐信也不错，而且是我们学校的第一个温州申请人，就给了她 weak accepted，但是我们的另一位国际项目负责人，同时也是 ESL 老师，给她的是 deny。最终我们商讨决定暂时放在 Waiting List 上面。

Interview Notes: Xufei "Nicky" Dai

10 BG

Wenzhou, China

1/7/19

Nicky is a fairly stereotypical Chinese applicant. She wants to come to the United States because she feels the education system is better (or allows more impendence on how to learn) and wants to improve her English so she can go to a "good" US college of university. She likes Vermont Academy because of the small class sizes and the teachers seem to take care of the kids very well. She would also like to more winter sports such as skiing, snowboarding, and skating. Nicky is a decent student and works hard. She enjoys her math classes. She is also very into music. She is learning both piano and guitar and also enjoys singing. She is not the most dynamic kid in the world. With that said she was not a complete wall flower either. There was just no real spark there that made her standout. She would be fine here but most likely would not make a huge impact in any way (both positive and negative).

DEH

等待的例子

例子二：

E 学生我用 Skype 面试他的，他在上海的一家普通国际学校读书。他给我的印象主要有两点。第一点，这个孩子非常有耐心。那天是我们学校的面试高峰，一天有 5 个中国家庭实地来到我们学校参观和面试，我不得不把时间给孩子临时从纽约时间上午 8 点 30 分推到 10 点。他既耐心又很懂事。我 10 点对他面试，他英语不是特别好，大概需要 ESL 的帮助才行。第二点印象是他做了一个自我介绍的录像放在 YouTube 上，活灵活现地表现了自己的优点。他的父亲是北方人，母亲是上海人，大多数时间住在上海。我本人比较认可这个孩子，但是学校的推荐信说学生的自律性不是太好，讨论决定放在了 Waiting List 上。

每个学校等待的时间长短不一，我们过了 4 月 10 日，决定注册人数后，如果还有空位，就会去看等待学生的材料。有时候虽没有空位，但对于比较强的申请人，我们会让他等待的时间很长，因为我们轻易不舍得拒绝他们，有时候临近开学会有各种原因，比如国际学生的签证等，会突然出现空位。当然等待过程中也是双向选择，很多时候，学生会选择放弃等待而去了第二理想的学校，当然我们也遇到过"非 VA 不嫁"的学生。

06 长痛不如短痛的拒绝例子

　　我面试的这个 F 学生，日前在福建一所民办的普通私立学校。他喜欢历史，认为历史可以解决一些现实中的实际问题。他也喜欢篮球和辩论，我们学校篮球非常好，凡是喜欢篮球尤其是打得好的学生，我都会重点考虑。他认为在 VA 可以发展自己的爱好，他也希望在 VA 培养自己的领导力，他的英语有些弱，但如果有 ESL 的支持应该还可以。他的父亲身为大公司的执行董事，却非常低调、友善，当然无意中提到他雇用 NBA 球星为孩子练习英语，这点给我留下了较深的印象。

　　后来孩子的材料齐全后，我因为是面试官，就倾向于不再过多参与阅读孩子的材料。很遗憾的是另外三个录取委员会的成员统一给了 3 分。主要原因是孩子在校分数 70 分的比较多，80 分、90 分的比较少，还有一些六十几分的。此外托福分数不到 70 分，SSAT 1752 分。而且孩子老师的推荐信写得也不是很好。

07 录取委员会的内部博弈
录取委员会决定孩子的录取与否的会议

对于不是直接录取或拒绝的学生，也就是中间状态的学生，我们录取委员会专门开会讨论做决定，决定完发给注册办公室准备录取或者拒绝，并分别发送录取通知书或者拒绝信。

在此，我以案例分析的模式为大家分析三个例子，一个是会议后决定录取的，一个是决定不录取的，一个是继续放在候选里等待的，这样大家会对录取过程有更直观的认识。

Feng：录取委员会的我

A、B、C 和 D 都是录取委员会成员

录取委员会会议
召开之前

会议 case1: 讨论以后录取

Feng: She is from Qingdao University's affiliated school.

A: Very hard worker, A student. 70 TOEFL.

B: What is her red flag?

C: SSAT.

A: Other than that, she is fine. English not great. Good personality, she need to study very hard between now and August.

Feng: I have a story she shared when I interviewed her. One of her classmates is depressed, she spent time helping her and didn't have time to prepare TOEFL.

C: Please be aware of that SSAT essay really makes sense.

A: We have English class here to help student, not necessarily perfect.

C: Go ahead to accept?

Feng: Yes.

会议 case 2: 讨论以后进入 waiting list

Feng: The kid living in Candy's house, Jerry interviewed him.

B: Yes.

D: I called Nick, the head of ×××School.

Feng: Yeah, Nick is a nice guy.

D: He need to be a boarder, not day school, mother is afraid that he is exposed to bad things?

C: In other words, someone will show him drugs, etc. His TOEFL is 55, very tough year, for example, Andy. It's not ideal.

B: It's frustrating.

C: No accept then.

Feng: He didn't apply other schools.

D: With ×××School, we do need to keep the relationship, my response is waiting list, take TOEFL again. Waiting list, interview again and take TOEFL again.

Feng: Does his mom insist on day school?

D: Then he can go.

Feng: Chinese kids buy houses nearby, good for local economy, but if we open one, others follow, have to be boarder if we accept.

C: We survive last year, but I don't want to continue to survive another year, I would say NO, you have one kid and this particular kid, whole different levels to teach, it's ...

D: I hear you, it affects other kids, I know, again, diplomatic with ×××school, waiting list, VA needs him to take another TOEFL.

C: 60? 65?

Feng: And then the summer school.

C: If you take TOEFL and get 60 by the end of March and then we take a look at you. Also, emotional challenge,

Wazam is different, real goal, baseball, I don't know his goal.

B: Wazam is smart kid.

D: Japanese kids are not exposed to English as Chinese.

C: I go whatever your admission office decides.

D: Can we waiting list?

C: You have to get min 60.

B: Do you want to argue 60, we got someone lower than that one year.

D: We all agree he cannot do day.

Feng: Agree.

D: Last year, we sent out 15 and got 3.

C: One year, sent out 20 and we got 18, you never know.

C: His living in a current employee doesn't mean we should accept him.

D: Not that, because the ××× School.

Feng: It's a tough decision.

D: Well, it's not that tough, but I just like the head there.

B: Hope we get more the second level kids.

C: America system, easier to get to American university anyway.

Feng: OK, waiting list, let's move to the next.

会议 case 3: 讨论以后拒绝

Feng: She is a Korean girl from a strong public school.

A: She's a cellist in the school's orchestra.

B: The recs all talk about her musical prowess—apparently, she's one of the strongest musicians in the school.

C: What's her weakness?

D: Academic.

A: Her school transcript average is only 75%.

B: That's sad. How's her TOEFL?

D: 65.

Feng: She is a fine girl. I wish she had a better recommendation from her academic teachers.

B: Her essays paint a picture of a dutiful girl who spends hours doing her work but doesn't seem that excited by any of it.

A: How's the tour?

Feng: The student who gave her a tour described her as quiet, nice, but not that accomplished except for music.

C: Ready to vote? (two votes to reject; two votes wait list; one votes accept. This student was rejected.)

Feng: We wish her all the best.

第五章　写在 3 月 10 日发榜日前后

01 饱含深情，痴痴地等
等待发榜

　　3月10日，对于普通的中国人再平常不过了，可是对于申请美国寄宿学校的中国家庭，3月10日这个发榜日实在太不平凡了。其实2月底3月初，有些家长和孩子便已经沉不住气了，开始向学校发邮件（俗称"love letter"）表决心，展示持续热情，更新孩子的申请材料，比如寄送新的托福成绩给我们，发送孩子新学期的课程表，规划孩子的远景，展示孩子的一些Project，等等。其中有一位来自武汉的学生，把自己设计的漫画书，包括文字编辑、插图设计等用PDF形式发到我邮箱，充分展示出了自己的英语语言、逻辑思维、设计编辑以及艺术绘画等才能。

　　注：为了尽可能忠于实际情况，实例部分文字我没有编辑。

例子一：孩子自己编写的历史漫画书的一页

He took down the military camp in Niu Zhu, and gained food supplies and weapons. And then he continued to assault Rong Ze in the city of Mo Ling. At the same time, the remaining soldiers seized back the control of Niu Zhu, Ce returned to defeat them and kept moving. During the battle (to conquer Mo Ling), Ce was shot by an arrow and went back to the camp to have a rest. He utilized his injury, to make up a lie that the arrow caused his death. He sent a soldier to pretend to betray him and told Rong Ze this fake news. Rong Ze was glad to hear that and commanded to attack. Ce set and ambush in Niu Zhu and waited for Rong Ze to come. He sent a few hundreds of people out to fight with Rong Ze, to lead the latter into his encirclement. Rong Ze stepped into the trap and failed. Ce went to Rong Ze's camp and let subordinates shouted "Sun Lang Jing Yun He". this sentence basically means "Open your eyes and look at me. Ce Sun is still alive!")

学生编写的历史漫画书的一页

例子二：更新孩子一些新的情况

Dear Mr. Feng,

Three weeks have passed since this semester, and my current school has offered me a course called "Little Entrepreneur". The main purpose of this course is to let us experience the hardships of entrepreneurs. This event is more like giving us a training in business competitions. I believe this course will definitely improve my leadership, teamwork and communication skills. At the same time, I also took chess lessons and photography classes at the extra time of the school. I think photography makes us to discover beauty and appreciate beauty in this high-frequency society. The ability to discover beauty makes us to respect different cultures and people of different styles. This indirectly teaches us how to do things better. Finally, I am very sincerely grateful to you for your love for me.

From,

× × ×

例子三：孩子发来他马术的视频

学生发来的马术视频截图

02 终于等到了你（们）
发榜

我们3月9日春假开始，所以我们实际上是在美国时间3月8日下午，中国时间3月9日凌晨开始通过电子邮件发送电子版的录取通知书，也有的学校会既发送电子版又发送纸质版。

例子：

Dear ×××，

Congratulations ××× on your acceptance to Vermont Academy！ We see in you all the qualities of a VA student: curiosity, intelligence, a sense of adventure, and a desire to chart your own course. ×××, you belong here！

We couldn't wait to reach out and welcome you to the Vermont Academy family with this acceptance video featuring some of our students and faculty: https://youtu.be/PYLbmZLaK4U

作者的办公楼（左楼），录取信从这里发出

Please login to your parent portal on the Vermont Academy OnBoard website using your username and password to view your contract for the 2019-2020 academic year.

https://vermontacademy.myschoolapp.com/app/#login. If you don't recall your username or password, click the "Forgot password, or first time logging in" link to retrieve this information to log in.

You will see a notification banner at the top of the page that indicates your contract（s）to review. Please note that if applicable, the contract will require both parent（s）/ guardians（s）to login, view and sign the contract. You may use a major credit card or bank account to pay the required deposit and fully submit your contract. Once submitted, you may review and print a copy for your records.

Be sure to visit our Accepted Student page （https://www.vermontacademy.org/page/admissions/accepted-students）for more information and I hope we will see you on campus this fall.

If you have any questions, please do not hesitate to reach out.

Congratulations again !

Warm regards,

　　　　　　　　　　　　　　　　　　　　　　　　　　×××

发榜后学生收到录取通知的三种回复

我们邮件发出之后，一般会收到三种回复：

第一种，学生和家长对我们学校期待已久，明确表示来我校读书，并很快询问下一步，比如缴纳学费定金以及合同的具体内容等等。

例子:

Dear Mr. Richard Feng,

Thank you so much for the exciting news!

Could you please send me the contract and wire transfer information? My parents will sign the contract and pay the deposit.

Looking forward to seeing you again in the fall!

Thank you.

best,

×××

其实学生只要登录学校网站上的个人账户,就会看到入学合同和银行转账等信息,但是如果学生询问,我们一般会再以 PDF 的形式发给学生一遍。

入学合同

Yilin 'Miranda' Wang
Entering 2019 - 2020
Grade   9th Grade - Vermont Academy

Vermont Academy

International Boarding Student Contract

Reservation Agreement 2019-2020

Miss Yilin 'Miranda' Wang
Entering Year: 2019 - 2020 Grade: 9th Grade - Vermont Academy Date of birth: 6/29/2006

We/I wish to reserve a place at Vermont Academy for the academic year 2019-2020, in accordance with and under the terms of the school policies as stated below:

In extending this offer for admittance and matriculation, I/we understand Vermont Academy is relying on the information provided by the family and any other source to be accurate regarding the Student. Vermont Academy retains the right to review the Student's candidacy, including the possibility of withdrawing Vermont Academy's acceptance of the Student, should any information be inaccurate, incomplete, or misleading. If an accepted or matriculated Student is found to be under investigation for a crime by local, state, or federal authorities, Vermont Academy may, at its own discretion, place the Student on administrative leave until the matter is settled to Vermont Academy's satisfaction.

This contract is for the entire academic year. I/we understand that my/our obligation to pay the fees for the full academic year is unconditional after acceptance and that no portion of such fees paid or outstanding will be refunded or canceled for any reason whatsoever (including but not limited to illness, absence, withdrawal, or dismissal of the Student)." I/we agree to pay, to the extent permitted by law, the school's expenses for collection of tuition, fees, and related expenses including, without limitation, attorney's fees and costs.

I/we recognize that there will be additional charges incurred by the student during the course of the school year, including but not limited to, books, supplies, athletic items, activity fees, etc. I/we agree that these charges will be paid in a timely manner according to the terms established by Vermont Academy. The terms for accounts at Vermont Academy are payable on or before the 25th of each month. After the due date has passed, a $45 late fee will assessed by Smart Tuition on any balance remaining unpaid. It is expected that accounts will be paid in full each month.

I/we understand a student will not be allowed to participate in final assessments, and thus to complete the school year, and grades/transcripts will not be released until all accounts are paid in full."Additionally, I/we authorize the school to credit any claim payment to which I am/we are entitled under the Tuition Insurance Plan. If a payment plan is selected, Tuition Insurance (TIP) is compulsory. Your account will automatically be charged 5% of the prorated tuition (tuition less any financial aid). After any payment by the plan is credited to the Student's account, I/we agrees to pay the school whatever balance remains unpaid within 30 days after receipt of a final itemized bill. I/we authorize the school to pay any excess balance to me/us. The parent(s) or guardian(s) must sign this Reservation Agreement. By so signing this Agreement the parties represent that they have read, understood and agree to abide by the terms herein contained and the rules and regulations of the Academy.

It is also understood that this Reservation Agreement is a legal and binding contract under the laws of the state of Vermont as soon as it is signed by Vermont Academy in Saxtons River, Vermont. This contract will be signed by all parties sharing in the responsibility of meeting the financial obligations associated with this contract. In the event of default, applicants shall be jointly and separately liable for all overdue amounts plus interest at the rate of 18% per annum, and reasonable attorney's fees incurred with regard to collection. The parties agree that the only proper venue for resolution of any disputes arising under this Agreement will be in the state or federal courts located in the State of Vermont.

In the event that you request a separate payment plan, or do not pay our invoices when presented, you hereby authorize Vermont Academy to access your credit records to allow us to respond to your credit request.

Printed   3/20/2019   Page 1 of 3

第二种，学生和家长对我们学校很在意，但可能也会有别的选择，所以还在研究思考中，这种情况，邮件回得很有策略。

例子：

Dear Mr. Feng,

Thank you so much for the great news! I really appreciate the opportunity to join your community. I would love to reach out to you if I and my family have further questions.

Sincerely yours,

×××

此外，在我对孩子和家长进行校园面试的时候，有些家长加了我的微信，这样家长会在收到了几个 offer 的时候跟我联系。这个时候，一方面我是学校的招生官，理应为本校服务，自然会提到我们自己学校的优势；另一方面，出于家长对我的信任，在家长告诉我不同 offer 的时候，我都会比较公正地帮助家长客观分析孩子的特点和各个不同 offer 之间的匹配度，以帮助家长做出最利于孩子的选择。

比如一位家长收到了包括我们在内的一共两封录取通知书，她问我这两所学校的大学录取情况，我就会客观地用大学录取数据说话。当然我们 VA 连续几年都有去哈佛大学的，还有其他常春藤大学，而另外一所学校去向最好的就是伯克利，没有一所常春藤，所以孩子自然是来到了我们学校。还有的家长收到女校和我们学校的录取，我就会帮助家长分析女校和混校的利弊。比如女校侧重培养女孩子的领导力，但是对于性格和社交的发展不如在男女混校更加全面。经过了两天的思考，这位家长根据孩子自身情况选择去了女校。

通常家长会问我一些什么问题？我总结如下：

学校的大学录取，尤其是中国学生的录取；

康州著名女校
Ethel Walker

作者跟麻州 Dana
Hall 女校招办主任
交流

学科设置的特点；

学校的住宿生活管理情况；

地理位置和交通便利；

排名情况；

学校长假短假国际生的安排。

第三种，一般是收到一封很长的邮件，学生或者家长表示我们学校非常好，但是孩子想去更适合自己的学校等。

例子：

Dear Mr. ×××,

I am ×××. I am so excited about the Admission Decision. Thank you for your ratification on me, warmly welcoming me for campus visit, patiently reading my application and giving me the opportunity to join you. Vermont Academy is a really good school for its own characteristics. The school has a really warm environment even in the winter. The people including teachers and students are caring about each other and it let students not be alone. Also, the unique winter sports are really interesting. These sports are only available in such a good place. That means that the students can try some new things. Moreover, the school offers a lot of extracurricular activities for students so that they can relax. All in all, Vermont Academy has a good study environment.

We had a really hard time deciding about the school to go to, because each school has its own uniqueness. After my parents and I having a discussion about the schools that I applied, we have already decided the school to go to. I am so sorry to tell you that we don't choose the Vermont Academy. However, I don't mean that the Vermont Academy is not a good school. Also, I hope to offer this place to other excellent students who are eager to go to. Hope you to have a nice and comfortable spring break!

　　Best wishes,

　　　　　　　　　　　　　　　　　　　　　　　　　　　×××

03 又开始了漫长的等待
等待名单

上面讲的是收到录取通知的家庭。此外，有些处在 waiting list 上的家庭时不时地会跟我们联系。不同的家长会请孩子的任课老师、课外辅导老师、大学教授、其他文体方面的教练、学校校长，甚至美国的资深教育工作者，最好能直接跟招生办说得上话的人再补充一封推荐信，总之是八仙过海、各显神通。

有的家长会更新一下孩子第二次标准化考试成绩，比如托福分数的提高；也有的孩子谈谈自己最近做的项目以及自己的想法等。其中有一位家长，当时他跟他的亲戚一起带各自的孩子来我们学校面试，他了解到他亲戚的孩子被我们学校录取了，但是他知道那个孩子正打算去另外的学校，于是立刻联系我们，希望自己的孩子能够从等待的名单（waiting list）上转正。但不管你做什么，最基本是一点就是要向校方表示你至少愿意保留在（waiting list）名单上，除非你真的不考虑这所学校了。

例子：表示愿意继续等待的邮件

Dear Mr. Feng,

I would like to offer my most sincere gratitude to you for keeping me in the wait pool. The Vermont Academy is my favorite school and I really hope I could get chance to study there. Therefore I would like to remain on the waitlist and I will continue to wait for your further notice.

Thank you again for still giving me the chance.

Sincerely,

×××

04 对于申请人的启发

以上是我从招生办的角度来看待 3 月录取季，那么从申请人的角度会有怎样的启发呢？我主要给大家分享如下几点：

☆ "Director of Admission" 还是 "Director of Rejection"？
不要盲目追求排名

首先美国的寄宿学校一共就 300 多所，相对于美国 30000 多所中学而言，从数字上来说，寄宿学校本来就是百里挑一，历史上多数寄宿学校是培养美国精英的摇篮。传统上就是为了帮助精英的美国人家庭维持自己的社交圈。顶尖美高的竞争难度从几十年前就已经开始，到了如今只能说是愈演愈烈。即便不是国际学生，对美国本土的孩子来说，如果没有跟学校有很好的关系或者特别优秀的个人成就，申请顶尖私立学校都是一种奢侈。说白了，申请这些学校对于普通家庭

作者跟美高校长在爱登堡学校演讲

来说本来就不是一个圈层的事情。可是特别重视教育的中国家长往往又非常关注顶级寄宿学校，导致了很多飞蛾扑火的现象。

作为同行，我跟很多顶级的寄宿学校招生办主任都有交流，比如Hotchkiss、Phillips、 Choate 以及 Andover 等。很多在中国或者至少是本省本市极其优秀的申请人，到了这些学校面前显得特别苍白，录取率可以说是 1% 或者 2%，其中 Hotchkiss 的前招生办主任明确地说，他们很多时候根本没时间审阅，直接发拒信。原话是这样"Sometimes we have so many applicants from China， we didn't even look at them. We just sent them rejection letters"所以她调侃她自己不是"Director of Admission"，而是"Director of Rejection"。

Phillis Andover 2019 年开放日

为什么说不要盲目追求排名，而是选择合适自己的学校呢？我举个例子。我研究过很多排名前 50 名的学校，学生进入名牌大学比例很高，可是其中有些学校的学生去艺术院校的却接近于零。但是美国好几所排名 80 多名或者 100 多名的学校，却培养了不少学生进入顶尖艺术学院。假如你的目标很明确，就是去美国顶尖艺术学院，你会怎样选择呢？

作为真正的教育工作者，我并不完全认可排名，很多时候排名机构非要把香蕉和苹果做比较，弄个排名出来，这是不够科学的。只是为了便于读者理解，我姑且借用一下排名。即使是排名50到80名的学校竞争也是非常激烈的。我跟Ethel Walker(排名80多位)的学校国际学生负责人和招生办副主任交流过，今年2019年收到75个中国申请人，而他们只录取5名。当然，我在2019年3月对该校的访问亲自推荐一名他们已经发了拒信的学生，改变了其录取委员会的决定，重新把该学生录取。可是，并不是每个学生都会如此幸运。

改变EWS录取决定的一次访问

我建议孩子在申请之前不妨对自己做一个评估，大多数优秀但并非出类拔萃的学生，如果想保证能够有学上，而不是收获"全聚德"，我建议除了冲刺几所特别理想的学校以外，都可以申请几所排名第80到100多名的学校，其实美国150名以内的寄宿学校随便哪一所，都是非常好的寄宿学校，日后的美国大学升学都还不错。当然，如果做好宁缺毋滥的心理准备，也可以不用申请保底的学校，毕竟3月份以后由于各个学校根据enrollment（ 注册签合同 ）的实际情况，还会有一些机会，而且如果方法得当甚至能够获得比在截止日之前申请更好的录取。

☆ 美高申请公平吗?
美高申请是申请人各项能力、家庭人脉和运气的综合体现

这三种因素中的能力因素我们可以自己把握。其中能力除了在校成绩、标准化考试成绩以及体育文艺技能以外，最重要的就是英语能力，尤其是口语能力。我跟很多招生办主任都一致认为在最终的选择标准中，成绩所占的比例越来越低，学校会着力考察学生的匹配程度和活动特色，同时也很看重学生在面试中的发挥以及有没有亲自去到学校访问，而这些方面很多时候都是取决于英语口语的表达能力。

不要以为美国的入学是公平的，绝对的公平只是存在于童话世界里。如果你通过各种关系能够跟招生办主任、学校的教师、教练说上话，或者能有真正并深入了解美国教育的顾问为你背书，认真并得体地推荐你，一方面推荐你的能力，另一方面让招生官明确他们学校是你的第一选择，都会对你的录取有很大的帮助。

除了能力和人脉，还有很多运气的成分。比如面试你的招生官气场上跟你的契合度，当然如

作者带中国学生参访好友 Gaebelein 家族创办的名校：纽约石溪中学

何提高契合度，除了天生的因素以外，我日后会专门在面试章节中为大家分享。再比如，某个学校去年发了太少或者太多的录取，学校今年体育或者文艺团队是否刚好缺少你这样的队员，你当天的个人发挥等等，这些都有运气的成分。实际上，美高的录取除了基本的条件以外，的确有很大的主观因素。

☆ 我往哪里去？
　如何处理录取、等待和拒绝三种情况

情况一：理想的录取

理想的录取又分两种，一种是只有一所理想的录取学校，这种最简单，直接回复校方，然后在注册合同上签字并付款就可以了。还有一种就是有两所或两所以上的理想学校，这种情况最好的方式就是制作表格，以学校的名字为横坐标，以一些重要的比较标准为纵坐标，这些标准主要有：地理位置、学术课程、大学升学、运动艺术、学校硬件、学校活动、校园文化等因素。可以把你看重的因素比重加大，以权重的方式最后可以得出一个相对客观的数据分析出来的结论。当然以这些硬性的标准为基础，再加上当时访校时的个人感受以及未来的发展目标，就基本上可以做出一个全面的比较并正确选择了。

情况二：有录取，但不够理想

这个时候一般来说不要认为学校是鸡肋而不开心，而是应该抱着感恩的心态去接受。而且如果你静下心来仔细审视这个学校，或许会有新的认识。当然如果还是想争取 waiting list 上的学校，可以积极主动地跟学校联系，表达意愿，更新材料，或者找第三方背书，准备新的推荐信等方式，并且了解 waiting list 上有没有先后次序等信息。一般说来在 4 月 10 日左右理想学校如果有名额，

一个申请学生的艺术作品

还是有机会转正的。可是如果到了已发录取通知书的学校交定金的截止日，这个时候需要考虑家庭的财务状况和对录取学校的态度。如果 waiting list 上的学校不录取就会选择已发录取的学校，那么就把定金交了。万一 waiting list 上的学校后来录取了，大不了就浪费一些钱，当然这也要根据每个家庭的财政状况而定。

　　这里还要注意一点，不同的学校不一样，有的学校是签了合同如果再去别的学校还是要把一年的学费交齐才不算违约，有的是只要放弃定金就不算违约，这里家长一定要把合同看清楚；如果 waiting list 上的学校不录取就不去已发录取的学校，那就不用交定金。其实这里有个很有意思的因素，有些家长会认为放在 waiting list 上的学校比已发录取通知的学校好。考虑到美国寄宿高中录取的主观性，实际情况并非都是这样。

情况三：收获"全聚德"

　　其实不少学生每年会遇到这种情况。这个时候要学会理性分析原因。一种是自我定位不准，过高估计了自己实力；还有一种就是申请中失误，比如材料、文书等。这个时候其实并非世界末日，如果还想当年去美国读书，可以考虑相对弱一些的学校，通过自己或者美国资深顾问争取一下。从拒绝争取到 waiting list，直到转正，并非完全不可能的事。当然也可以开始考虑优质走读学校，其实很多优质走读学校也是非常棒的。

美国顶级私立走读高中 Horce Mann 一角

第六章　美国招生办内幕

01 橘子和苹果谁排名第一
关于排名

美国一共 30000 多所中学，而只有 300 多所寄宿学校，也就是说，平均 100 所中学大约才有 1 所寄宿中学。其实美国至少 150 所左右寄宿中学是相当好的，这一点中国家长可能了解得不多，所以有些家长一窝蜂地申请前 50 中的学校，甚至前 10 中的寄宿学校。但现实情况是怎样的呢？

我在 3 月 10 日放榜日提到过，Hotchkiss 前招生办主任 Hagerman 博士由于业务关系常来我的办公室交流，我们就自然聊起了这所著名的 Hotchkiss 学校。多年前我也应邀去该校考察，校园设施堪称一流，校园环境不亚于常春藤大学。我在 St. Luke's 任教的时候也为自己的一些学生写过推荐信，成功地进

寄宿学校招生办
主任关于排名和
适合的研讨会

入 Hotchkiss 学校。其间，我跟 Hagerman 博士交流时，Hagerman 博士非常明确地告诉我，如果申请人太多，尤其是晚交材料或者材料不全的，他们会直接把材料扔进垃圾桶。

　　Taft 也是十校联盟的成员，招生办主任是我同事的妹妹，她也提到过去的几年中中国大陆的申请人一般在 200 名，而且这 200 名都是中国学生中非常优秀的，而他们的录取名额只有 5 名。就连一所官方排名大约 50 名康州的一所寄宿学校，招生办主任在面试纽约环球的一名客户时明确提出 175 名申请人，只有 6 个名额。另一所康州排名 80 多的学校，他们只招收 5 个中国大陆来的学生，但 2019 年收到了 75 份申请，超出他们学校的想象。稍微有点常识的家长仔细想一想，这种比例正常吗？我们中国的申请人往往会一窝蜂地申请某些学校，结果把某些学校过分地炒热了，滋长了美国招生官傲慢的同时，也把自己孩子被录取的机会大大降低了。

　　真正懂美国教育的家长，自己的孩子虽是非常优，但却不一定会盲目地挤向那些极少数排名高的学校，因为他们懂得怎样根据孩子自己的兴趣来选择最适合孩子的学校，怎样透过过排名看学校的本质。

透过排名看本质

有一次我面试了一位清华大学法学教授的孩子，孩子英语比较流利，总体还不错。我面试父亲时，问他用英语还是汉语，他说随便，我们就用英语开始交流，然后又自然地过渡到中文。这位 60 岁上下的法学教授操一口流利的英文，后来，孩子父母聊到孩子的情况提到对于孩子的教育是"放任自由"的，培养孩子的独立能力，孩子完全追寻自己喜欢的东西。孩子从小就喜欢生物、艺术，特别喜欢滑雪，尤其是 Alpine Snowboarding 竞速滑雪，而且在北京青少年比赛取得了前几名。后来我审阅申请材料时才知道这孩子的父亲不仅仅是普通的清华大学的法学教授，而且早年毕业于美国顶尖大学获得博士学位，还是那所大学的董事会成员，并且曾在中国政府任要职。这样一位高知高干家庭，访校时并没有指导孩子申请几乎被中国妈妈炒滥了的 Phillips，而是参观了 Tilton、Brewster、Kent Hill、Could 等以滑雪擅长的学校。虽然孩子的学科都不错，但父亲很明白孩子想要什么。知道对于自己的孩子而言滑雪第一，而不是一味地追求学术名校，这才是真正懂美国教育的家长。

达特茅斯图书馆之一

　　另外，排名真的那么重要吗？橘子和苹果谁排名第一？我跟一些负责学校排名的机构有过深度交流，其实这些机构本身也很明确提出排名仅供参考，因为机构不可能对每一所学校都了解得清清楚楚，而且排名的变化除了跟学校真正的实力有关，也跟学校是不是愿意在市场推广方面投入、有没有跟排名机构建立合作有一定的关系。

　　此外，我经常跟美国不同大学的招生办主任交流。很多大学招生认同这样一种现象：如果两名学生放在大学招生办主任面前，一名是排名相对靠后的中学的尖子生，一名是排名相对靠前的普通学生，大学招生办会更青睐前者。在此，我真心地呼吁家长要学会真正地了解自己的孩子，并且研究不同学校的特色，找出最适合自己孩子的学校，而不是仅用排名这种最简单粗暴的选择方式。这样，孩子的申请会更回归理性，孩子也能够在高中幸福地度过四年，并最终进入理想的美国大学。

02 提供服务还是设置门槛多收门票？
关于国内的留学公司

　　有一次，我作为学校招生办主任去中国出差，宣讲学校的各种项目，包括夏校项目，自然是我们分内的责任。但是来自国内的教育公司却给我们发来了一封电子邮件，希望我们跟他们合作，不要直接宣传我们的夏校，而是希望通过他们的公司来介绍，这个提议当然被我直接回绝了。去年夏天，我跟一帮来自世界各地参加我们夏校的孩子聊天，得知他们有的竟然付了5000美元的高价参加3个星期的夏校，还不包括机票，而实际上我们学校财务处那年每年只收了2000美元。

　　当然国内的公司会负责一些填表和签证申请服务，但是其中的价格差距大家可以自己计算一下。所以我建议，想来美国读夏校的家长完全可以直接跟校方联系。不同于申请学校普通入学，很多学校的夏校，包括名校，门槛并不是那么高。我在2019年TABS会议时遇到约翰霍普金斯大学的夏校项目主任，她的孩子宣传其夏校项目，表明还有名额，当时已经4月底了，约翰霍普金斯大学都如此，更何况普通的大学和中学的夏校项目了。

参访约翰霍普金斯大学

　　还有一次，我作为纽约环球教育的顾问为一位家长申请一所加州名校时，家长在中文网上看到的信息是某个周五的上午，当时这个学校代表在上海做宣讲会，家长住在宁波，这样孩子和家长都需要请假一天来上海，问我有什么办法吗。于是我直接联系该校招生办，得知实际上该校的宣讲时间是在星期六，而且宣讲地点跟家长从中文网站上获得的也不一样。时间、地点都不一样，这是怎么回事？我帮家长了解了一下，原来是国内的一家留学公司擅自改变学校的宣讲时间和地点，周五只是他们公司的顾问宣讲有关学校的情况，然后希望家长跟公司签约并收费。这样我们帮助家长直接获得最真实的信息，少走了弯路。

　　还有一次，中国的一家留学公司要求孩子一定要参加 Vericant（维利克）的面试，孩子由于学习时间紧，不想准备，后来家长通过关系找到我们，于是我们通过内部关系联系到该校招生办，直接把 Vericant（维利克）面试免掉了。我跟原 Hotchkiss 招生办主任 Hagerman 博士也交流过，都认为 Vericant 又是一个 Scam，换句话说，Vericant 又是一个在本来直接留美申请过程中设置的一道可以盈利的门槛。其实留学美国并没有想象的那样复杂，国内很多公司或许提供了一些服务，但实际上一方面由于不太真正地了解美国的招生和教育体制，另一方面希望从中获取更多的利润，往往为家长增添了很多不必要的门槛和障碍，并使孩子多走了弯路。

为我校遴选出日本精英的东京顾问

作者出席中美顶级学
校峰会，跟 IECA 创
始人畅谈中美教育

　　这样的例子太多了。我们有一年录取了一位擅长艺术的孩子，我们也很想接受这个孩子，孩子也很想来我们学校，可惜中间有一个留学公司的误导，硬是把孩子送到了一个跟孩子的特长完全不配的学校，不光不匹配，就算是非得用世俗的综合排名，该校也落后我们很多。还说孩子去的学校离波士顿比我们近，但实际上我们用 Google 地图一看，比我们还远 35 分钟车程。

　　还有一个学生在面试时明明想来我们教育资源最丰富的新英格兰地区，但是最后不知道怎么回事，去了美国中西部遥远的印第安纳州。想留学美国的家庭，一定要帮孩子把把关。我建议申请美高的学生和家庭一定要选择优秀的顾问，最好是真正了解美国招生办核心的顾问，这样可以少走很多弯路。

03 何谓 "warmed over prep"
美国转学众生相

正因为国内很多留学公司基于无知或者利益关系，很多到美国留学的中学生被"分配"去了一些根本不适合自己的学校，所以这些年我在美国见到太多转学的小留学生。

我认识的一位小留学生去了加州的一所学校，因为靠家长的关系找到了我，我一了解，那个所谓的美国学校竟然有超过 50% 的中国学生，通过关系了解到那个学校完全没有录取门槛，只要是付学费都可以上。更可怕的是校方还编各种理由让那个各方面优秀的孩子再重读一年。当然，作为一个教育工作者，我听了很愤慨，于是立刻把那个学生解救出来，来到了我们东海岸纽约地区一所正规的私立学校就读。

转学学生参观
SKS 学校天文台

　　我们学校还有一个杭州的孩子，我个人挺喜欢的，可是跟他深度交流以后，发现他留学美国时，根本不知道他要去的学校是什么样子，完全是国内的顾问跟家长商定的结果，来到我们学校以后，总是不适应。首先我们属于比较冷的新英格兰地区，而他更喜欢温暖的南方，但是父母觉得转学也很麻烦。可是孩子就是没法适应环境，心情不好，也做了一些错事，硬是被迫转学，挺可惜的。我建议真正负责任的家长，最好亲自带孩子去实实在在地访校，即使不能访校，至少要通过各种途径认真详细地了解学校，以规避一些本不属于自己孩子的学校。

　　还有一次，我面试一位要从 Kent Hill 转过来的女学生，问及她为什么想转学的时候，她说到老师的教学法不好，而且学校有些教学楼没有好好被充分利用，学校缺乏应用新的技术，而且学校太注重体育运动，不太注重学术，导致一些中国学生的离去。当然一方面可能是这个孩子的个人感受，另一方面或许就是这个学校的实际情况。如果孩子在入学之前通过各种途径深度了解这个学校，或许就会避免这种麻烦。也许家长以为不就是转学吗，有什么太麻烦的？其实我这里说的麻烦不是手续，而是其他方面。

　　当我们面试她母亲的时候，她母亲主要希望孩子阳光，快乐和健康，看来她在 Kent 学校是非常不开心了。所以既然她母亲提出这个，说明问题很严重了，必须换学校了，这才是我所说的麻烦。我带她参观学校的整个过程中，她都非常安静，不太愿意说话，能看出有点抑郁的样子。面试时问到"Is this school you can see yourself"这个问题时，她因为没听懂，只能回答到 30%，我就知道她是没有听懂，于是变换问题方式，甚至说出汉语，她终于明白，说"Yes"然后笑了，整个面试和参观过程，终于有了瞬间的阳光。后来负责国际学生的 Cynthia 也到我办公室聊了起来这个学生，认为她有 50% 的可能性，还提到了她申请的文章除了一段自己写的以外，全是咨询公司写的。

　　当然转学除了一开始选校不对以外，还有相当一部分是学生发展中遇到的

快乐的美高学生生活

问题。比如有一个孩子，平时就流里流气的，不好好学习，有一次为了"摆酷"，已经 12 年级了，偏偏在校门口当着 9 年级新生的面抽烟，硬是被学校开除。幸好，前校长和这个孩子的家长都是我朋友，还一起在我家吃过便饭，于是学校让这个孩子尽快主动转学，而且还保留了他 I20 的合法性，在找到接收学校的时候，把 I20 转了过去，总算化险为夷。

还有一个孩子，仅仅 7 年级，在美国刚上初中，竟然拍女孩子某些部位的不雅录像，并放在网上，被学校立即开除，而且终止 I20，买了飞机票送回国。这种情况 I20 就无效了，如果还想来美国，一种情况请求原学校 Reinstate，可是学校不同意。还好，孩子算是幸运，不久拿到新学校 I20，而且顺利就读了。我一直都是建议孩子拿到录取通知书只是成功的第一步，一方面要提高自己的英语学习，另一方面要学习了解美国学校的规章制度。

除了以上两种情况，还有就是有部分学生是想去更好的学校，这样是无可厚非的，但转学要注意，如果是去向和现在学校差距很大、各方面很好的学校是值得的，如果只是去向略好一些的，我建议根本就不用动。因为大学的招生办并不希望看到孩子在同一级别的学校转来转去，第一他们会认为这个学生有可能适应环境有问题，第二他们认为这种学生到了大学也有可能会做同样的事情，如果录取了这个学生，不久就转学，那何必录取呢？我们招生办业界对于这种学生有个专有的词，叫作"warmed over prep"。

不管什么原因，如果一定要转学，在转学之前也要给原来的学校留下好印象，这点很多十几岁的孩子还不够成熟，往往反正要转了，心理上已经check out了。我校一个韩国学生就是这样，受韩国中介的误导而转校，转学的前一个月经常旷课迟到，最后导致成绩一落千丈，给他的大学申请造成了障碍。

04 到 "junior high" 去占位子的学生
关于 feeder school

Feeder school 的英文解释就是 "A school from which many or most students progress to a particular higher-level educational institution". 传统意义上就是学生进入 feeder school 比进入其他学校的学生更容易进入更高一个等级的学校。我举些例子，比如 Phillips Exeter 和 Milton Academy 是哈佛大学的 feeder school。其中 Milton Academy 2016 年到 2018 年这三年中有 31 个毕业生去了哈佛。当然，31 个毕业生中不乏哈佛教授的子弟。

所以，从这个意义上，如果你跟哈佛没有任何关系而去了 feeder

哈佛大学教授
谈美高领导力
培养

school，也不一定会大幅度地提高你去哈佛的概率。Phillips Andover 以及耶鲁大学旁边的 Hopkins School 则是耶鲁大学的 feeder school。我们 Vermont Academy 附近的 North Country School 就是我们的 feeder school。当然，现在 feeder school 的概念已经非常宽泛了。

比如我们 VA 附近的 ××× School 也可以理解成我们的 feeder school。一般来说一方面是地缘关系，比较接近，而更重要的是在一个水平线上，而且行政人员关系比较好。2019 年 3 月我们录取委员会争论最大的就是每个人都给了 3 分或者 2 分的一个学生。他的情况比较特别，他当前在我们高中附近的一家叫 ××× School 的初中读书，学校校长跟我和 Dave 都认识，人也很好，而且这个学生当前住在我们学校的一个职员家里，由于这两种关系，其实主要是 ××× School 的校长关系，某种意义上是我们的 feeder school，作为招生办我们会比较 Diplomatic。而主管 ESL 教学的老师就坚持发拒信，可是她也没办法，毕竟我们招生办说了算。我们其实很明白，我们主要不是因为校内员工，而主要是不想破坏跟 feeder school 的友好关系。

总之，这个孩子如果只是在中国大陆普通学校申请我们学校，肯定没有一点机会，所以大家需要明白的一个现实就是，美国其实也是个人情社会。我建议打算留学美国的家庭不要再受各种媒体误导了，以为美国什么都是公正的。会后我们总结一下：××× is a tough choice. It's not tough just because how much we love the school head. 最后决定把他放到 waiting list 上，然后还要求他上夏校。从这个例子，我们可以看出 feeder school 的重要性。

去年夏天的一个上午，以北京某私立学校的校长带队的三个中国家庭：一个父亲，两个母亲和四个孩子来 VA 参观和面试。我和 Dave 亲自带这一行 8 人参观了校园的各个主要部门，我们参观过程中，中国家长拍了很多照片：校园建筑、室内装饰、师生乃至宠物狗。中国家长对美国的寄宿学校的确充满了热情。参观完，我们又对孩子进行了简单的 Q&A，并赠送了小礼物，希望优秀的孩子

北京学校来访

明年能来到 VA！这个校长在北京建立了一个初中部国际班，到 8 年级为止。其中一位学生就是通过这个校长的微信平台认识了我们，我们把这个孩子也录取了。这样一所新兴的学校就渐渐地成为我们在北京的一个 feeder 学校。当下比较流行的美国学校和中国建立合作关系，这两所学校之间一方面是合作学校关系，还有一方面是因为中国的合作学校有时会把孩子推荐到美国的合作学校继续读中学，所以有些合作学校也渐渐地演变成了 feeder school。很多家长提到的到 Junior High 去占位子，实际上就含有去 feeder school 的意思。总之，如果想去某一所更高一级的学校，进入了该校的 feeder school，就占有了一定的优势。

下编

如何成功地
申请到适合
自己的美高

第一章　美高择校三大误区

许多中国家庭希望孩子有机会去美国读书，给他们带来国际化的视野和更多的机遇。但是从选择学校到准备申请、面试乃至最终录取、签证和成行，这是一个相当复杂的过程。要成功申请到自己心仪的学校，并且拥有一段富有成果的美高生活，需要经过周密的规划和审慎的思考。这不仅仅是为了上所好中学，考所好大学，更重要的是因为，高中生活是每个人的性格养成、人生观和世界观发展的关键阶段。这段青春是人生最中宝贵的时光，不可复制，也难以回头。

作者（左二）跟同事们

在此，我很高兴有机会跟大家分享我这二十年的心得和感悟。也希望能够帮助家长和孩子好好规划走向美高之路，让孩子拥有一段美好的青春时光，并且为未来的成功奠定一个坚实的基础。我们首先要讲的是美高择校。

美国的学校数量巨大，种类繁多，如何做出最优化的选择，可以说是留学美高的第一步。

首先，讲讲许多家长在选校时的一些常见误区。

01 第一大误区：只看排名

　　美国的学校各种排名多得令人眼花缭乱，但其实中学的排名并不像大学那么重要，举个简单例子，你在排名高的学校 GPA 低，在排名低的学校 GPA 高，对于招生官而言，往往后者更有竞争力。再比如纽约的 Bronx Science 在美国排名前 50，从排名看，没有进入 TOP10，但是该校的诺贝尔奖获得者的校友竟然有 8 个，在全世界的高中中位居首位。所以，美国的中学各有特色，选择一所适合孩子的学校绝对比单纯看排名对孩子的发展更有意义。

贵族学校活动的乡村俱乐部

02 第二大误区：只重视进入藤校和大的 university 的升学率

这个话题我会在本书 P190-P191 详细阐述。

作者在哈佛大学的韩国学生

03 第三大误区：只看重著名城市

　　著名城市对学生往往更有吸引力，但这也要看不同孩子的特点。而且有时候自律性不强的孩子往往在大都市会迷失在光怪陆离的花花世界里，而在小城镇则会更容易专注于学业。再比如，如果日后想从事金融行业，就可以考虑选择曼哈顿的学校；如果喜欢科技创新，硅谷附近的学校会好些；而如果喜欢纯理论研究，其实反而乡村的学校孩子更容易静下心来。这个要根据孩子的具体情况具体分析，不能一概而论。

第二章 美高择校多维探讨

　　选择美国学校的过程实际上是一个了解和认识美国以及美国教育的过程，更是一个了解自己内心世界的过程，简言之，就是一个对外部的世界和自己内心世界探索过程中找到结合点的一件事情，这个结合点就是选校的结果。记住，这个选择的结果没必要一定是美国最好的学校，而必须是最适合自己的学校！

　　那么怎样通过不同的标准和维度来从众多的美高中筛选出最适合自己的几所学校去申请呢？这就是我们要探讨的重点，我会分四个部分来与大家分享。

01 去书香弥漫的新英格兰吧
在美国什么地方读书？

选择美高，其所在的地区非常重要。

美国的国土面积和中国相当，拥有除热带雨林气候之外的其他所有气候带。很多非常优秀的学校散落于美国各个角落，从大都会到小城镇，从名山大川到东西海岸，遍布了温暖和寒冷的地带。当然，美国大多数最优秀的学校还是集中在东西海岸，尤其东海岸的纽约州、康州和麻州等新英格兰地区。新英格兰地区

作者在南康州任教时美高的 Prom 舞会

中美私校国际交流

环境优美，优质高中很多，美丽而又各具特色的校园掩映在绿树草坪古堡之间，而且该地区是美国早期的文明发源地，名人辈出，常春藤大学也聚集于此，学生会有更多的机会接触常青藤大学文化和课程，也有利于学生未来高中毕业后升入顶级大学。

不仅如此，学生可以直接接触到最前沿的信息和实习机会。除了大的地理区域以外，城市学校和乡村学校亦有各自特色，而即使同一个城市再细分也有更好、更安全的学区和相对差一些的学区。

分析完外部环境就要看孩子的个人喜好，这样来找出最好的结合点。比如说，孩子喜欢在热带还是温带生活？是喜欢大都会还是喜欢小山村？是愿意感受欧陆气息浓郁的波士顿还是情愿住在亚洲人文化较为普及的南加州？因为爱好游泳而去夏威夷读中学还是因为孩子是滑雪健将去阿拉斯加？这些都有考究的。

我在美国高中工作期间，发现真正负责任的家长都会跟孩子飞到所感兴趣的学校对学校及其周边环境进行实地考察。当然不是所有的中国家长都有时间去这样做，但至少要通过各种途径对孩子可能就读的地区环境有个相对全面的了解，因为这是自己孩子未来要生活几年的地方，是很现实的事情。

　　我高中的一位同学现在美国纽约大学任教，有一次他姐姐和姐夫咨询我如何申请康奈尔大学，我就仅从专业的角度告诉他们有关的申请方法和技巧。可后来跟我同学聊起他家亲戚的背景和思想，我们都认为他们在盲目追求常春藤，后来分析利弊，最终放弃了田园风光的康奈尔，帮助他们选择去了纽约大学，这样就可以比较方便在我同学任教的纽约大学实习，印证了中国的古语"近水楼台先得月"。大学如此，高中也是如此。当然我在美国任教时一个叫 Nick 的学生放弃了 Dartmouth 去了南加大，他的理由更简单："怕冷！"

02

寄宿在康州亿万富豪家里

选择什么类型的学校？

　　美国的学校有公立和私立两种。公立学校的课程、教室设施甚至教师的要求相对统一。美国的公立学校是义务教育，有点类似于我国的九年义务教育，住在该社区的人不管什么人种，任何经济社会地位都可以入学。上公立学校也无须缴纳学费和书本费，只需要按照学校的要求准备好一些文具，学校会给贫困家庭的孩子提供午餐补贴。对于有某些缺陷的孩子，还会提供特殊教育。所以美国的公立学校教育是平民的教育，确保适龄孩子能接受基本的教育。公立学校免费，

私立学校餐厅一角

资金主要来源于该社区纳税人的税收。所以在美国的华人一般买房子会买在比较好的学区，即所谓学区房，因为这样自己的孩子就可以免费去相对比较好的公立学校，只有少数很富有的华人才会既住在好学区，缴纳高昂的地产税的同时还有闲钱把孩子送到私立学校。

我曾经在公立学校任教一年，在纽约的 Westchester 地区，算是比较好的学区，但尽管如此，每个班级还是有 20 几名学生，属于大班教学，孩子的种族和社会经济地位以及学习能力会差别比较大。但并不代表公立学校都不好，以上提到的 Bronx Science，再比如位于曼哈顿的 Stuyvesant High School 2016 年全美最佳公立高中夺冠。主要是因为，一般来说学生需要有美国公民身份才能去当地的公立学校读完毕业，所以不太涉及。接下来我们主要聊聊美国的各种不同的私立学校。

美国不少私立学校历史悠久，强调精英教育，注重学生的全面发展。比如

美国学生在中国学习中国功夫

著名的 Phillips Academy Andover 成立于 1778 年，距今两百多年，这是高中，而美国最古老的大学不是哈佛，那是因为先有哈佛，再有美国。私立学校除了强调学习成绩之外，更注重学生在非学术方面，例如创新精神、领导力、全球化思维、观察与分析能力等的全面发展。因为美国私立学校不是政府拨款的，所以不像公立学校那样必须遵守教育部门的很多监管规定。比如公立学校的教师必须有美国的教师证书才可以任教，每个州的教师执照考试要求都不一样，我当年在美国读研究生时就通过麻州教育局的考试获得数学和中文的教师执照，就有资格在公立学校任教了。而私立学校是不会看教师的执照的。

那么私立学校的教师不如公立学校的教师吗？事实不是！私立学校英语可以译成 Private school，也可以译成 Independent School，Independent，中文就是"独立自主"的意思。在招聘教师上，虽然私立学校不需要教师执照（最多作为参考），但稍好一些的私立学校录取标准非常严格，不仅要看教师的学术能力和教育背景、言谈举止，才华尤其运动和文艺方面的特长等也都在考虑范围之列。

比如十几年前去公立学校面试只用了几个小时，而私立学校一共三次，时

Gateway Academy 校园一角

间上加起来大学十几个小时。我在私立学校参与面试新教师的时候，不仅要考察他的教学能力、言谈举止、社会活动，也要考察他的动机，比如他只是想找份工作，还是特别热爱教育。

做了 20 年的教育工作，我每到周末就期待着周一的到来，因为能够见到学生。这也是我面试新教师时期待看到的一种特质。就我在私立学校任教的同事背景而言，绝大多数不是拥有硕士学位就是博士学位，来自哈佛、耶鲁等常春藤以及顶级的文理学院的同事比比皆是。还有一些在某些领域有建树的科学家、大学教授、作家以及商界精英等。这些来自各个不同领域的人才聚在一起，就给了优秀的私立学校带来了很大的发展空间，也形成了美国私立学校百花齐放、百家争鸣的格局。

所以私立学校种类繁多，比如all boarding school、boarding-day school、military school、pre-professional arts school等等。但是我们这里主要跟大家分享两种最常见的学校，day school和boarding school，也就是走读学校和住宿学校。

这所学校 2017 年有 17 位学生进入哈佛

作者跟走读学校海瑞特校长、
Modarelli 博士谈学校管理

所谓美国私立走读高中，就是指不提供住宿的学校。走读高中的主体为美国本土学生。对于国际学生来说，在结束日常上课或放学之后，回到学校临近社区的寄宿家庭中生活、住宿。学生的日常课程和体育活动都在学校进行，但早晚餐通常在寄宿家庭使用，有的寄宿家庭的家长负责早晚接送学生上学和放学。走读学校的优势如下：

首先，有利于学生英语水平的提高，并快速融入美国文化。美国私立走读高中以本土学生为主，相对于寄宿制中学 15% ~ 40% 的国际学生比例来说，一般走读制中学 1% ~ 15% 的国际生比例低很多，迫使学生尽快融入本土的学生生活中去。住在寄宿家庭加速了孩子英语提高的同时，也可以帮助孩子了解和适应本土文化。寄宿家庭通常习惯邀请学生去参加当地社团或者教会的活动。当时我在美国做监护人时就经常邀请孩子去看音乐剧，参观博物馆，打网球等，当然我作为监护人还有一个优势就是有时会开车带孩子去纽约唐人街改善伙食。

对于几乎每天吃西餐的中国人，我们都会把吃中餐认为是改善伙食。当时

中国家长在孩子学校附近选购房子

我监护的那个学生有个同学住在当地的一个美国人家里，他们家人不允许他在家里吃鸡蛋，说对鸡蛋味道过敏，于是那孩子就时不时跑到我这里吃鸡蛋。我说的走读高中学生住在寄宿家庭是指的是大多数情况，但也有少数家长有钱有闲，关键是有闲，直接在学校附近买座房子，父母一方陪着孩子在美国生活。

其次，学费相对合理。选择高中留学需要比较大的投资，寄宿中学每年的费用一般在五到七万美元之间。而选择美国私立走读高中，尤其是教会走读制中学的费用每年在三到五万美元之间（含学费、寄宿家庭费、监护人费等），而很多走读制中学的教学质量丝毫不亚于寄宿制中学，性价比高过寄宿制中学。

但需要强调的是，选择走读中学，除了学校以外，选择寄宿家庭也非常重要。一般来说学生住宿家庭都是学校所在社区的居民，而且多为美国中产阶级或中产以上，经济条件和受教育程度较好。比如在我任教的学校跟招生办主任录取过一位来自上海的学生 Clare，她其他学科还行，就是英文特别好，她寄宿在当地的亿万富豪家里，她的人生见识和阅历也有了极大提高。

Clare（左一）跟同学到我校交流时的晚宴

举个例子，有一次我们选址于另外一个学生家长——美国最大的对冲基金的合伙人的家里搞慈善基金活动，在现场就看到她在学生后院的私人足球场跟同学们踢足球。她毕业后去了美国顶尖的文理学院，而且获得了全额奖学金。当然，也有个别学生选择的寄宿家庭和自家观念不同。举个例子，有过一个学生家长跟我聊起他儿子不小心寄宿在一个男同性恋者家里。在美国人人平等，所以绝对没有歧视同性恋的意思。只是对于那个学生个体而言，他感到生活中种种不适，最后就换了一个寄宿家庭。

美国私立寄宿学校有 300 多所，一般来说走"小而精"的路线。学生数量可以从几十名到几百名不等，寄宿学校通常有如下特点：

首先，24 小时的封闭式教育为学生营造了一个安全舒适的学习环境，宿制中学的 24 小时监管式教育使父母更加放心。

其次，好的寄宿学校设施一流而且更加全面，校园生活丰富多彩；这是寄宿制中学引以为傲的一面，除了现代化的教学设施外，很多学校还有体育和文化

美国开放式课堂一角

设施，例如室内体育馆、橄榄球场、网球场、音乐厅、艺术中心、图书馆等。

　　比如我参观过位于康州的 Hotchkiss 学校，有标准化的冰球场和奥运标准的游泳池，当然 Hotchkiss 是美国比较顶尖的寄宿学校了。还有一次我参观纽约长岛海边的 Knox 学校，我去参观该校时，校学生会主席就是我们的中国学生。但该校有马术课，而且高尔夫项目也非常强，曾经有一位名叫 Junior 的学生获得了该年级组业余选手全国冠军，也是中国人。

　　总之，美国的寄宿学校单从学术的角度来看也分为三六九等，但无论什么层次，都有各自的特色，其实这也是美国各种不同学校生存的理由。不仅不同的学校，美国每个学生都是一个独立的个体，我在美国教育界待得比较久，但很少听到好学生和坏学生这种说法，我们不说好坏，只说不同，因为美国的教育根深蒂固的观念就是每个人都是特殊的，即使最笨的学生也有他的特长！上海作家陈丹燕提到，一个人见到的世界多了，往往好坏的标准会淡化，取而代之的是不同，这一点恰恰就是美国教育的一个特色。

Daniel（右一）跟同学在毕业
晚会上

有一年我的学生 Daniel Noah 当了学生会主席，他为校队打橄榄球，勇猛健壮，而他的学习成绩几乎各科倒数第一，一个倒数第一的学生当学生会主席，在中国的中学恐怕不太可能吧。我说这些关键是表明无论是学校还是自己的孩子，没有好坏，只有不同，找到学校和孩子的特色特长，来培养、发展。

03 大数据是主导
如何进一步根据学校的内部标准缩小择校范围？

　　具体到每一所类型的学校，则有如下标准帮助家长和孩子判断，包括学校的声誉和质量以及学校的课程选择、学校设备、师生比例、国际学生比例、课外活动以及高中毕业后大学的去向。

☆ 学校的师生比例

　　在美国公立学校的师生比例大约一个班级会有二十几个学生，课堂上学生的参与度会很低。而私立学校的优势之一是小班教学，师生比例较高。我任教的学校，一共 500 个学生，而教职员工有 120 人左右（当然其中也包括 staff）。我教过的最大班级 12 人，最小班级只有 3 人。这在中国以及美国的公立学校难以想象。小班教学的最大好处就是老师能够关注到每一个学生，学生必须专注，因为 "nobody can hide"。

　　师生比例高除了教学优势以外，每个学生的生活、运动、心理成长等都会受到学校更多的关注。比如我们教师几乎每周都会跟学校雇用的心理学家和测评专家开会，对每位学生的思想、心理、学习特色、思维模式等进行定性定量分析，帮助学生全面发展。曾经遇到一个 8 年级的天才学生，他看到我跟高中学生下棋，我教授他规则后，他立刻击败已经下了半年的高中学生。对于这种学生，我们必须调动所有的教师、专家对孩子量身定做他的发展方案，美国的高中是学分制的，所以这个天才少年仅两年就完成了四年的高中，被牛津大学破格录取。

☆ 国际学生比例

一般来说，住宿学校国际学生比例比走读学校多，而国际学生中亚洲人尤其中国人往往占了很大比重。我在访问不同的住宿学校时，经常看到中国学生聚在一起吃饭、活动，中国学生在一起，本身没什么不好，而且有些国际学生比例高的学校学术和升学相当好，但最大的弊端就是英语的提高以及融入美国文化的进程会相对慢些。而国际学生比例低的学校，中国学生就会因环境使然，必须说英语，必须跟当地美国学生交往，所以有助于英语的迅速提高和文化适应。我接触过很多中国的小留学生，高中的、大学的，有的非常优秀，但也有一些在美国几年下来英语停步不前，经过了解，是因为他们往往去了一些中国人扎堆的学校。所以要么孩子有自制力，能够有意识地去锻炼自己跟美国人交流，要么直接选择中国学生比例低的学校。

☆ 课程的设置

美国的私立学校除了一些必修课，如数学、英语、科学、外语等，一般会有一些自己的特色课程。比如，我任教十年的那所学校会有"领导力""机器

作者跟洋基队总经理谈棒球和领导力

人"等课程，每周还有特色的"Lunch and Lead"项目，Lunch 就是午餐，
Lead 就是领导，就是边吃午餐边听邀请来的美国名流来开讲座并且问答互动，
我们请过白宫发言人、洋基队总经理、巴菲特家族、华尔街高管、NBC 主播等等。
这些特色的项目邀请嘉宾、学生和教师都会积极讨论，参与其中。

　　比如白宫发言人会跟我们分享他跟我国国家主席的交流。美国的政治家
说话很注重"政治正确"，当他论及台湾问题，他会含蓄地跟大家讲解"a
government on Taiwan"和"a government of Taiwan"的区别。学
生除了学习普通的必修课程，还耳濡目染学习领导力，培养自己成为未来领袖。
此外我们学校的 Stem 和 Global Scholarship 项目也分别为培养工程人才和
世界公民奠定了基础。再比如特朗普母校纽约军校的"领导才能培训基地"则是
该校最具特色的教育项目，该项目用军事化训练的方式，培养学生的坚韧、执着、

THE WHITE HOUSE
WASHINGTON
September 15, 2019

I send my warmest greetings to the Corps of Cadets, alumni, and faculty gathered in Cornwall-on-Hudson, New York, to celebrate the 130th anniversary of the New York Military Academy.

Over the past 130 years, the New York Military Academy has helped foster a sense of duty and leadership in the outstanding young men and women who earn the honor to attend this fine institution. Through a curriculum focused on academics, athletics, leadership, and character, the cadets at the New York Military Academy are equipped with the intellectual, physical, and moral tools in order to succeed in both their professional and personal endeavors. Proud alumni of the New York Military Academy, including members of the military and civil service, leaders in business, entertainers, and artists, continue to serve their communities and our country.

Today's ceremony is an opportunity to celebrate the many accomplishments and outstanding alumni of the New York Military Academy, while also recognizing two individuals who have been instrumental in the Academy's success: Colonel Charles Jefferson Wright, founder and first superintendent; and Ms. Jie Zhang, first female superintendent. Their devotion to the principles and values taught at the New York Military Academy has inspired countless Cadets to aspire to always seek honor in their undertakings and achievements.

Melania and I send our best wishes for a memorable event.

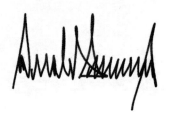

特朗普给母校纽约军校建校
130 周年的贺电

自控、诚信和尊重等优良品质，第一代大陆移民张女士凭自己优秀的素质和领导力，成为纽约军校历史上唯一的亚裔校长，有力地展示了该校的特色。这些除必修课程以外的各种特色课程设置，家长可以根据孩子的喜好来判断。

除了必修课程和特色项目以外，那么，衡量一个学校学术强弱的重要指标是什么呢？"AP"课程。AP（Advanced Placement）考试是由美国大学理事会（College Board）主办的全国性的统一考试。美国绝大多数美国高中已经开设了AP课程。AP考试的成绩使用5分制，考生可以获得1分、2分、3分、4分或者5分。一般3分或3分以上的成绩可以在大学换取学分，但也有很多特殊的例子，某些名牌大学接受的标准在4分或者5分，有些大学不接受AP成绩。AP课程有22个门类、37个学科，目前，由美国大学理事会主持，指导AP课程的开设和考试已经发展到了美国各地甚至世界其他国家，包括哈佛、耶鲁、剑桥、牛津等著名大学在内。

首先，取得较好的AP成绩为学生申请大学多了筹码，美国大学录取学生的时候，会考虑所学AP课程的难度和深度，学的AP课程越多，AP成绩越好，被大学录取的机会越大。其次，在高中获得大学认可的学分，可以为学生节省时间，为家长节省开支。我们学校有个ABC，我帮他做了一个学期的辅导，他在九年级就考了AP中文，获得了5分，最后，毕业时申请了哥伦比亚大学和约翰霍普金斯大学，被后者录取。他品学兼优，而且是学校历史上唯一在Stem和Global项目中获得优异成绩的学生，数学竞赛全校第一，至于未被哥伦比亚大学录取则牵扯到美国教育界的另一个问题，也就是校园的种族多元性要求，暂且不展开讨论。

对于英语不太好的学生，看看这所学校有没有ESL课程，ESL课程会有效地帮助中国学生迅速提高英语，所以也是择校的一个优势。一个朋友的孩子去了纽约州的一所教会学校，校长夫人就是ESL课程的负责人，仅仅几个月下来，这个孩子的英语突飞猛进。当然那个学校的国际学生比例只有2%，也是促使他英语不得不迅速提高的原因之一。

私立学校课程教师杂志

☆ 毕业后的大学去向

　　去美高读书，从投资回报率的角度来看主要是毕业后大学录取率以及去什么样的大学，英文就是 college placement。选择高中要看升学率，美国高中各有千秋，然而最核心的还是升学率；学校一般会把每年毕业班的升学情况放到学校网站上面，家长可以很直观地看出该校毕业生去的大学都是什么情况。在美国东北部有很多的常春藤预备学校，比如著名的 Phillips Exeter Academy、Horceman、Hotchkiss 等等。我教过或者接触过的这些学生大多知识丰富，思维敏捷。我辅导过一位来自 Horaceman 的学生，跟他上课时，他那活跃的大脑加上知识沉淀像火山一样不断迸发。

　　对于毕业后学生的去向，很多家长会有一些误区，总认为只有藤校或者大的 University 才是好学校。藤校固然有名，其实在美国有很多非常优秀的文理学院，文理学院一般规模不大，小班教学，文理学院以教学为核心，所以上课的老师都是教授，中国家长对文理学院了解得相对较少，而好的文理学院在美国的地位很高，西点军校培养了很多 500 强的 CEO。再比如著名的 Wellesley College 是宋氏三姐妹的母校，前国务卿希拉里也毕业于此。还有很多著名的文理学院，比如 Williams College、Amherst College、Middlebury College 等等，在美国的地位不亚于常春藤名校。

连续两年都有作者的学生被西点军校录取

04 "头脑风暴"和"尖峰体验"
什么才是最适合自己的？

适合自己主要从以下三个层面来讲。

第一个比较简单直观，就是家长能负担起孩子去什么样的学校。

第二个层面是留学的目的，或者说主要目的，比如大多数家长是为了孩子毕业后就读美国名校或者至少能够升入美国普通大学，有的家长是为了孩子最终大学毕业后留在美国发展，有的是为了回国发展使家族企业延伸到美国，有的留学是第一步，接下来是全家投资移民，也有极少数的纯粹是为了让孩子体验国际化的生活，不同的留学目的也会影响到择校。比如寄宿在我家的那名学生，他父母除了把孩子送到美国留学，同时投资移民申请美国绿卡，此外，他父亲的公司也在尝试在美国拓宽市场，一个典型的一揽子留学移民以及开拓事业的计划。

第三个层面就是全面分析自己的长项和弱项，自己的内心世界，这点对于择校以及留学的成功和幸福与否至关重要。长项和弱项一方面是学术，另一方面是课外生活，业余爱好能力等层面。自己的内心世界比如自己的性格特征，内向外向，自己的终极理想，什么对自己重要，最喜欢什么等等。有个衡量指标是当自己的孩子做某一样事情的时候忘记了时间的流逝和空间的存在，心理学上叫作"尖峰体验"，这基本上就是孩子最感兴趣的事情了。希望这些"尖峰体验"不要只存在于电脑游戏中。

分析自我的重要性绝不次于对于学校（外界）的分析，所以准备留学美国的过程中，又产生了一个附加的益处，家长和孩子会更清楚了解自己，也是对自己的一个再认识的过程。有句话说得好："every man has in himself a continent of undiscovered character. Happy is he who acts as the Columbus to his soul."希望在座的的每个家庭在准备留学的过程中都能够成为自己灵魂的哥伦布，选择到最适合孩子的学校，为孩子的发展、家族的成功和国际化奠定一个好的基础！

CCA 学校高中毕业典礼

第三章

为什么 GPA 不高
也有机会申请到好的学校？

很多中国学生在申请美国高中的时候，最重视的就是标准化考试，也就是 SSAT 和托福等等。好像考到很高的分数，申请就不是问题了。其实标准化考试的重要性还不如平时的学习成绩。一来，标准化考试只能证明你的英文水平以及逻辑思维等能力，而平时成绩则全面反映了你在整个初中阶段各个学科的学习情况和成长过程。二来，中国学生标准化考试成绩高已经是共识了，很多学校难以通过标准化考试来真正确认一个学生的学习能力，所以平时的成绩就更重要了。

作者为安徽民办中学普及留美申请

　　就美高申请而言，美高的录取是非常看重学生在校成绩的。因为好的成绩不仅可以反映出一个学生的学习能力，更重要的是能看出学生的学习态度、自我约束力以及管理时间的能力等方面。所以想出国的学生切不可因为把大量的时间用在标准化考试上，而忽视了根本的 GPA。中国多年以来一直是采用一试定终身的体制，而美国教育往往更在乎学生平时的表现，因为我们招生办更看重平时的积累。我们很多放在 Waiting List 上或者发拒信的学生不是因为标化成绩不高，而是因为 GPA 不够。

　　说到 GPA，首先什么是 GPA？ GPA 的全称是 grade point average，grade point 就是分数，因此，GPA 意思就是（加权）平均分。每个国家和地区，甚至每个学校的评分系统都是不一样的。比如，大多数美国学校采用 4 分制，而绝大多数中国学校采用 100 分制。因此，在申请美国学校的时候需要换算成美国习惯的形式。

　　一般来说，GPA 3.5 分以上就很好了，3.0 分以上还可以，2.5 分以下就比较弱了。但是 GPA 低也并不是不能申请。因为除了 GPA 本身，美国学校也比较看重 GPA 的发展，比如你在学校的几年里，虽然你总的 GPA 不高，但是你的 GPA 一直是稳定进步的，这种稳定的进步也是我们招生官比较看重的。

还有的家长问我虽然孩子 GPA 不错，可是就读的学校很一般。即使孩子目前所处的中学没那么理想，也不用太担心。孩子 GPA 的重要性在我们招生办的眼里其实远远大于孩子所在学校的优秀程度。我举个例子：美国某学校曾经因为招生问题而不得不曝光学校的招生标准，如果把就读高中的优劣和孩子所处高中的成绩量化成数字，孩子在校成绩的重要性是就读高中重要性的 4 倍。由此可见，家长可以不用太担心孩子的学校，孩子踏踏实实地在学校取得好成绩才是最重要的。很多招生办并不太了解中国的学校，所以对孩子本身的表现他们会更加看重。

那么如果 GPA 比较弱呢？如果中学平均 GPA 比较弱，但是每年的 GPA 都是呈现上涨的趋势，这种情况对于申请美高还是有帮助的。我们美高招生官都会比较看重孩子的发展潜力和趋势。所以如果初一的成绩不好，不用太担心，尽量提高初二和初三的成绩，给我们的招生办展现出成绩上升图。

我作为纽约环球留美顾问，曾经帮助一个学生申请美高。她聪明自信，兴趣广泛，英语也非常好。跟她交流以后，发现她也很有思想，英语标准化考试也获得了高分，总体而言是美高比较青睐的对象，可是美中不足的是她的 GPA 相对比较弱，鉴于她优秀的综合表现和相对较弱的 GPA，我建议她以一流学校为主，可是考虑到该学生的 GPA，为了安全，我让她申请两所保底的学校。

可是过分自信的她没有这么做，当她国际部的同学在 3 月份陆续拿到录取的时候，她却收到了拒信和两个 Waiting List。这时，经过和学校联系，才发现她的问题果然出现在 GPA。因为 GPA 不够高，美高招生官怀疑她的学习态度，

竞赛大奖可以部分弥补 GPA 的不足

而且其中一门学科的推荐信跟那门学科的 GPA 有一些不一致的地方，所以也出现了问题。这个时候，我就给两所 Waiting List 上的学校写了一封解释信，因为她太忙于各种活动，不得已有缺课现象而拉低了 GPA，终于 3 月底一封得之不易的录取通知书悄然而至，她被破格录取！

总之，美国学校比较注重孩子的平时成绩，所以千万不可以忽视 GPA 在申请中的重要性。如果当下的 GPA 不是特别好，那么要好好努力，尽可能提高以后的 GPA。因为即使 GPA 整体比较弱，但是一直是上涨的趋势，这一点我们美高录取委员会还是比较看中的。

第四章 申请美高标准化考试

申请美高的标准化考试主要是 TOEFL 和 SSAT 这两大块。TOEFL 大家了解得比较多了，我会重点跟大家分享一下 SSAT 以及其他相关的类似考试。近一两年美高教育界又出新招，推出了 Character Skills Snapshot，我也会一并给大家分享。

01 SSAT 考试属于英语考试吗？
谈 SSAT 考试

　　SSAT，全称 Secondary School Admission Test，中文名称为美国中学入学考试，适用于美国、加拿大私立中学的入学，是大多数学校要求申请者必须参加的一个考试，主要测量学生的数学、语文以及阅读理解能力，考察考生的逻辑思维和发展潜力。由 Admission Test Board 命题。考试分为数学、词汇、阅读三大部分，另有作文（不记分）。

　　有两种考卷分别是低阶（5 ~ 7 年级的考生），满分为 2130 分；高阶（8 ~ 11 年级的考生），满分为 2400 分。写作部分虽然不计分，但是会在寄送官方成绩给学校时以复印件一并送达，所以也需要重视。而且我们有经验的招生办人员由于经常遇到国内留学公司包装好的申请文书，反而更加重视学生 SSAT 写作，因为这个写作是学生真真正正现场写出来的。

　　从 1957 年 SSAT 开办至今，在全球已设有 750 多个考场，中国的台湾、上海、香港均设有考点，每年约有 60，000 名考生报考。SSAT 在美加每年举行七次，美加地区外，每年于 11 月、12 月、1 月、3 月、4 月举行五次，考前四周报名截止。

　　SAT 和 SSAT 是美国孩子在追求良好教育的过程中必须迈过的两道门槛。前者 SAT 音译为"赛达"，俗称"美国高考"，是进入美国大学的重要门槛。后者 SSAT，是"Secondary School Admission Test"的缩写，即中学入学考试；但为方便记忆和理解，俗称"小赛达"。

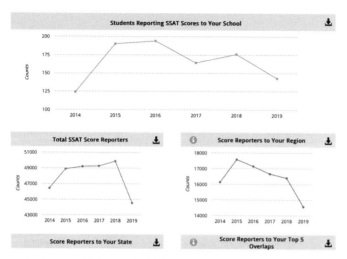

近些年 SSAT 送分内幕和趋势

近年来，随着留学低龄化趋势的加强，中国学生纷纷参加 SSAT 考试。但是在准备这项考试的过程中，我发现大家还是有一些认识上的误区。

☆ 第一个误区：SSAT 考试是考英语的，英语好就可以考高分。

由于读美高往往需要 SSAT 成绩和 TOEFL 成绩，因此不少考生将这两个考试混淆。但 TOEFL 测试的是考生的语言能力，专为母语非英语国家的同学准备。而 SSAT 考察的重点不在于语言，在于逻辑思维。

英语好对于考 SSAT 的确很重要，但并不代表英语好 SSAT 就一定能考高分。SSAT 考试是以英语为载体的能力测试，是用来衡量考生未来发展潜质的考试。

参加 TOEFL 考试的考生在语言方面被定义为"英语非母语，而是第二外语"；参加 SSAT 考试的考生则被定义为"英语是母语，或者已经达到母语水平"，因此 SSAT 考试对英语的要求远远高于 TOEFL。所以英语好的同学在 TOEFL 考试中可能会考高分，但征服 SSAT 依然是需要一番艰苦卓绝的准备的，如果缺乏正确的指导，可能会走不少弯路。

☆ 第二个误区：另外一个极端，就是 SSAT 考试不重要。

SSAT 考试是美国高中为了对学生进行筛选而采用的一种考试。美国高中，尤其是特别好的高中在审核申请者材料时首先检查申请者的材料是否达到了学校"基本要求"（包括 SSAT）。若达不到基本要求，申请者的申请材料就根本不会进入录取的讨论流程，因此 SSAT 考试不可谓不重要。

对于中国考生，满分 2400 分的 SSAT 考试如果能获得 2200 ~ 2100 分即是高分，就有机会申请任何高中。实际上这些年水涨船高，我经常看到申请人的 SSAT 达到 2250 分、2300 分等，当然我这里只是就各校平均要求而言的。学校的具体要求还是需要考生自行去官方网站查询的。在有些条件下，如果获得 2000 ~ 1900 分也够用。

当然 SSAT 考试也仅仅是出国条件之一，其他方面的准备也不能松懈，包括申请人在初中时的学分、推荐信和个人陈述以及面试。一次成功的 interview 对申请是非常有帮助的。如何准备面试我会在第八章中详细讨论的。

☆ 第三个误区：如果 SSAT 没考好，就觉得自己没希望了。

虽然 SSAT 考试对于申请优秀的美国高中很重要，但是，毕竟美国的教育不是一试定终身的。首先，如果你没考好，还可以再考一次。其次，即使第二次还是没考好，也不用担心，而是要专注于其他材料的准备。而且美国大约 30% 的高中录取需要 SSAT 的成绩，另外 70% 的学校并没有说是必须要 SSAT 考试成绩。

即使要求 SSAT 的学校，如果条件允许，能与所申请学校进行一次 interview 也就是面试，甚至可以免掉 SSAT。美国高中官网上写的一些条件和要求都是常规申请的要求，如果适当地跟学校招生办沟通，或者自己本身有一些特殊的才能，个别硬性的规定，比如包括考试在内，有时候，尤其在补录阶段是有可能免掉的。

02 我跟 TOEFL 考试出题机构 ETS 科学家的交流

谈 TOEFL 考试

托福名为 TOEFL，全称为 The Test of English as a Foreign Language 即"鉴定非英语为母语者的英语能力考试"，由美国教育测验服务社（ETS）举办。美国、加拿大大大部分高等院校，欧洲部分国家以及东南亚的一些国家和地区承认 TOEFL 成绩。

随着美高对英语的要求越来越高，现在大多数美高对申请的学生也有 TOEFL 成绩的要求。一般来说，我国学生成绩能达到 90 分，则有可能被美国大多数高中录取；但对于顶尖的美高，要求越来越高，有的要 100 分，甚至 105 分以上。

作者跟 ETS 科学家交流托福考试

形式上现在基本采用新托福考试模式，采用真实场景，综合考查听、说、读、写四项英语语言能力，采用机考的形式。考试有效期两年，在中国大陆共 133 个考场。

TOEFL 考试误区：

☆ 第一个误区：既然 TOEFL 考试是考英语的，国内学校英语考试能考好，TOEFL 就能考好。

TOEFL 考试的确是在考英语，但跟国内的英语教学差异很大，属于不同的体系。20 年前我开始在上海华东师大做英语教师，当时一方面负责学校的四六级，另一方面为一家培训机构做托福雅思的咨询和培训，比较下来，两者差异巨大。国内的英语教学，太注重语法，忽视实际应用能力，而且优秀的英语老师太少。20 年后中国的英语教学有了改进，但问题还是很多。

我跟一位开发英语教材的美国编辑 Nick 聊天，他表示对当今中国还在乐此不疲地用新概念这种有助于应试，但对交流帮助不大的老教材表示惊讶。我跟美国 ETS（就是 TOEFL、GRE 的出题机构）的科学家也聊过中国的英语教学现状。他也明确告诉过我：TOEFL measures your ability to use English to communicate in an academic environment. 也就是说，TOEFL 考察学生在学术环境中，准确地说，是在美国的学术环境中使用英语交流的能力。TOEFL 考试考察的核心能力是英语的交流能力，不管听说读写都是围绕着这个核心的。

我一个中学同学的孩子刚从中国转到新西兰读初中，想来美国上高中，有一次她把孩子为 TOEFL 准备的作文发给我让我评价一下。我发现文章有很多"高大上"的词汇和句型，但是由于学生在使用这些华丽的句型和词汇时把握不好，出现了很多错误，甚至表达和交流不清楚。所以我给她有的放矢地提出了很多建议，后来取得了 TOEFL 高分。

再比如，很多在美国的留学生都会调侃印度人的发音，可是印度人的 TOEFL 口语成绩却领先中国考生。为什么呢？因为 TOEFL 考试不需要发音特别标准，允许一些较小的发音和语调错误，只要不影响语意理解就好。

看得出来，TOEFL 考试的核心是交流，写作口语等都是交流，这也就是为什么 TOEFL 成绩好的学生一般在美国学校生活起来就会相对轻松。所以国内的英语考试即使考得很好，TOEFL 也不一定能考好，因此需要转变思想和调整学习方法。

☆ 第二个误区：虽然我听说读写某一项比较弱，但是我总分很高就可以了。

有的学校的确看总分，但是有的学校既看总分，又看每个部分的分数。我曾经帮助一位北京的学生，她当时总分 96 分，可是其中有一部分低于 20 分，学校就没有给她发录取通知书，可是那位学生还特别想去那所学校。于是我建议根据她的实际情况，针对她为什么没有得到 20 分写了封解释信，同时又制订出学习计划，就是拿出具体的方法来提高她的英语短板。两周后，经过录取委员会的进一步研究，她终于如愿以偿收到了录取通知书。

所以，TOEFL 的考生尽可能平衡自己各方面的能力，一来的确有些优秀的学校要求较高，并且对每一个分项都有要求；二来能力平衡也有助于到了美国后的学习和生活。

说了这么多，既然 TOEFL 考试已经成为美高录取约定成俗的考试，但从测试心理学和 TOEFL 设计的初衷而言，实际上是考中学生升大学的，我跟 ETS 的 Marian Crandall 也就此问题交流过，但这就是理想和现实的差距。所以我想对准备 TOEFL 的孩子说一句："Don't be too tough on yourself！"

03 性格决定成败
性格测试

谈及性格测试或者职业测评，诸如 MBTI、DISC、霍兰德等，很多人有所耳闻，甚至曾接触并亲自体验过。其实，许多公司都将这种测评工具应用到员工招聘环节，作为一项录用参考指标。自 2017 年 9 月起，SSAT 系统开始使用 Character Skills Snapshot 的性格测试系统，我们一般简称为 CSS。部分美高将 CSS 测试结果作为考核学生的因素之一，这可以说是美高申请的一件大事。

SSAT 官网显示，目前已有 400 多所美国高中表示会采用 CSS 系统获取学生测试结果，有的是必需的，有的是强烈推荐的，有的是建议的，具体情况请最好到学校网站查询或者邮件咨询。如 Phillips Academy Andover 、

作者跟 SSAT 工作人员谈性格测试

Phillips Exeter Academy、新泽西的 Hun School 就强烈建议学生参加这个测试，而 Lawranceville 更是要求学生必须提交 CSS 测评结果。

目前，CSS 测试包含 8 项性格技能，分别代表不同的性格特征及能力，分别是求知欲（curiosity）、自控力（self control）、适应力（resilience）、开放性思维（open-mindedness）、责任心（responsibility）、主动性（initiative）、社会意识（social competence）、团队协作能力（teamwork）。

一个美高申请，仅仅测试就有这么多。现在的美高申请，说是过五关斩六将、九九八十一难，也实在不为过。

第五章 常见的课外活动主要分成哪几类？如何规划课外活动？

对于十几岁的孩子如何有效地选择课外活动，既能做自己喜欢的事情，切实地培养自己的综合能力，又能有助于美高的录取，这是一件非常有意义的事情。回顾成功的申请人，我把有价值的课外活动大体分为以下四类：

01 他的中国母亲是个"虎妈"
学术类

学术类课程可以是短期的美国暑期课程，比如去美高或者美国的大学参加一个 ESL 暑期沉浸式课程，既能大大地提高学生的英语水平，又能让学生了解到美国的教育和文化，当然在申请材料上还可以添上一笔。除了 ESL 课程，美国的夏校还有针对各个学科的课程。

除了夏校，学术类的活动还包括在国内外参加一些学科竞赛，比如全国数学竞赛、奥林匹克物理竞赛等。喜欢英语的学生也可以参加英语演讲比赛，我面试过好几个北京外国语大学附中的学生，他们都提到曾经参加过各种英语口语比赛。

客户参观 Choate，最终被 Loomis Chaffee 录取

对于学术类的活动，只要结合自己擅长的地方或者想提高的方面，做一个有心人，会发现很多机会的。记得有一次带加拿大来的母女去参观美国著名的十大联盟 Choate 学校，该校历史悠久，教育水平非常高，许多毕业生被耶鲁、哈佛、宾大等顶级大学录取，因此，在美国享有很高的声誉。

我们在校园偶遇一位来自深圳的学生，他简单地说出了自己的心声：他在中国的母亲是个"虎妈"，从小就有计划地培养他的学习能力，所以在他被 Choate 录取之前曾代表中国队参加奥林匹克化学竞赛，获得二等奖。当时，他还调侃说他同班同学是美国当地人，竟然也获得过奥赛的名次。可见对于学术要求特别高的学校，学术类的课外活动的确可以锦上添花。

02 我们在孩子目光中看到了慈善的意义
义工慈善类

在美国康州任教时，我作为学校唯一的亚洲雇员，自然责无旁贷地负责学校的中国关爱基金。该基金最初由哈佛大学校友创办，日后在美国新英格兰及纽约地区资金雄厚的大中院校设立分部，在当地做慈善活动，募集资金，捐给北京对口的一家医院治疗低收入家庭的孩子和孤儿。

我做了十年的该基金顾问，深刻地感到美国孩子对于慈善的热情，这种热情早已经超越了功利心。美国孩子竞选基金会主席，利用午餐的时间定期开会，商讨如何举办各种活动来募集资金，然后在我的指导下学生主席跟基金会成员一起落实每个团队的责任，把握成本预算、具体活动细节等。

十年来，我们在返校日，中国新年以及各种美国当地的节日前夕，都会不失时机地举办中国美食、中国文化活动、体育竞技比赛等来募集资金。美国的主流媒体也对我们基金有过长篇的报道。除此以外，我们还组织过几次基金会成员飞到北京看望被我们资助的孩子，看到孩子们热情期待的目光，我们越发意识到做慈善的意义。在义工活动中，我一方面感受到了孩子真诚并乐于助人的内心，另一方面看到了孩子在基金会中的成长：无论是领导力、组织力还是沟通协调能力。学生在十一年级申请大学的时候，我帮助我们基金会的成员都写了推荐信，帮助他们申请到了好的大学。

除了我负责的关爱基金，我也曾多次带领美国的学生去食物银行和敬老院等地方去做义工。我们在食物银行为当地的低收入家庭分类整理该社区人捐赠的

我们慈善基金的活动

各种食品；在敬老院学生们发挥各自的才能，比如唱歌、跳舞等，让老年人度过一段愉快的时光。

　　美国社会的价值观非常强调社会责任和回馈社会，当然这些价值观最初是源于当年坐着五月花船来到美国的清教徒们。他们那个年代就认为人们要努力工作，追求利润然后回馈社会，为后代美国人的慈善观念设定了基调。

　　对于想申请美国读书的学生，如果你能够有机会在美国读夏校／夏令营，甚至旅游期间参与当地的义工或者慈善活动肯定会有帮助，当然大多数学生在自己中国的学校和社区做一些力所能及的义工就可以了。这些活动有助于培养学生的奉献精神、责任心、同理心以及领导力。

　　我辅导过一个台湾高雄女子中学的孩子申请到美国名校，跟她交流过，她曾经在学校时看到关于无国界医生的纪录片，那部片子深深地打动了她的心，于是她内心深处产生了助人为乐的梦想，并且在高一时，就立下了一个行医的梦。在高一升高二的那年夏天，她参加了一个医学夏令营，不仅学习了很多课

获得波士顿大学录取的台湾客户带作者参观台湾大学

本以外的新知识，更感受到了中风康复科的医生是怎样全心全意地为病人着想，帮助病人康复的。这个为期一周的医学营结束后，最让人钦佩的是，她主动提出在繁忙的高二生活中，每周来这家医院一次帮助中风病人康复，做些力所能及的小事，比如推推轮椅，帮助护士一起扶扶病人等。就这样她坚持整整做了一年的小事。虽然这位学生没有去什么著名的 NGO 实习，但是她坚持一年在一家医院做点点滴滴的小事，这种坚持为人民服务的精神正是被美高招生官最为看重的。虽然她的 SAT 和 TOEFL 成绩不是太高，但最终被波士顿大学录取。

当然这是高中升大学的例子，其实初中升高中也是如此。我们招生办特别看重申请人坚持做一件慈善活动，因为我们不仅想看到孩子善良的心，而且还想看到孩子身上一种持之以恒的精神。

03 我的学生在"外百老汇"演音乐剧
文体类

在美国的学校里，最受欢迎的学生往往不一定是成绩最好的。看过美国音乐剧《歌舞青春》的人，都会感受到美国学校对于体育和文艺的重视。比如我在择校篇中提到的 Daniel 成绩非常不理想，但却当选了学生会主席，其中一个重要原因是他担任学校橄榄球队队长。所以如果孩子有体育或者文艺方面的一技之长，千万不要忽视，可以下意识地让孩子参加文体方面的夏令营或者各种比赛，如果能获得名次更好，即使没有名次，这种对文体的热爱和参与精神肯定会有助于申请。

我在美高第一年做网球教练时，有一个叫 Ajia 的学生基本上不会打网球，打起球来用的是乒乓加羽毛球的混合姿势，当时我对他加入网球队很有顾虑，毕竟我们要在校际间打比赛的，可是学校的体育部主任还是允许他加入了。日后在教练队员的过程中也能感受到美高学生之间的参与精神实际上超过竞赛意识。美高的教育理念认为，体育运动能够培养孩子的领导力、执行力、团队精神、意志力以及勇气等等。我每天中午在餐桌上跟其他教师交流最多的话题，不是学生的学习情况，而是学校的各种体育比赛以及在比赛中反映出的不同学生的特质，美国教育对体育的重视程度由此可见一斑。

有一年，我为一位我辅导的学生写推荐信，通过具体的例子，我把孩子对网球持续的热情写入信中，最终该学生收获 Loomis Chaffe 和 Hopkins 两所名校的录取。

右一是作者的学生 Grace

　　文艺方面的活动可以培养学生的创造力和人文素养，也是在美高申请中比较看重的。我有一位学生叫 Grace，她在我们学校几乎每次音乐剧都是领衔主演，所谓的女一号，作为学校的文艺明星，她经常参加各种各样与文艺有关的课外活动，不仅在当地社区的舞台表演，竟然也在百老汇演过一些音乐剧。Grace 毕业后，因为杰出的表演天赋和舞台经历被著名的西北大学录取。

　　当然，不是所有的孩子都有机会在纽约百老汇一展身手，但是我建议，有文艺天赋的孩子不妨试着参加一些各种各样能力范围之内的文艺活动，对录取必然有帮助。记得我采访过 Phillips Exeter Academy 的一名叫 Kevin 的学生，他的整个面试过程就是跟面试官聊他对音乐的感悟和过往的经历，给面试官留下了深刻的印象，最终被 Phillips Exeter Academy 录取。

04 去中国支教还是去土耳其考察日耳曼的历史?

国际类

记得有一次跟一位美国学生家长吃饭聊天，她说孩子高中两年除了去加勒比海度假以外，没有一个像样的国际经历，问我该怎么办。于是我就帮她策划了去中国西部参加为期两周的支教活动。一年后，他收到 Emory 的早录取。我说这件事的意思不是说帮她策划这个活动本身，想表达的是，美国学生的家长，尤其私立学校的家长，内心深处有种本能地对国际化经历的追求和意识。

再比如，我们学校学生每次圣诞节假或者春假后从世界各地回到校园，大家都会在一起分享各自的假期生活：有的学生家庭是纯粹旅游度假，皮肤晒成了健康的小麦色，还有很多学生是从其他国家参与各种各样的国际教育项目回来。我们学校跟世界上十几个国家的学校建立校际友好关系，当然也包括中国，每次我带美国学生来中国上海华师大附中，学生都会学到很多东西。同样，中国的孩子到了美国的校园也是受益匪浅。我辅导过一位香港的学生，他在 waiting list 上时，把自己对奥斯曼帝国历史的热爱融入他第二次去土耳其旅行中，并给招生办写了封补充长信，最终被 Middlesex 录取。我们美国私校的招生官也是非常看重申请人的海外经历，因为我们相信海外经历丰富的学生更容易融入多文化、多种族的美国校园以及社会中，而且一般来说思想会更加的开阔和包容。所以，有条件的家长为孩子的国际化体验准备好了吗？

讲了四种常见的课外活动，至于学生到底要参加哪一种或者哪几种的课外活动呢？从内心深处我坚信，学生应该喜欢什么就参加什么。可是我们毕竟是在谈美高申请，所以除了遵从自己的内心以外，我们选择的时候最好考虑到以下因素。

☆ 要了解学生申请学校的录取标准和校园文化

通过学校的网站、校友或者各种招生活动来了解学校的文化，比如学校是人文艺术见长，还是更加注重 STEM 呢？是比较看重学业成绩还是更注重创新精神呢？比如我们 VA 校内不仅有冰球场，还有自己的滑雪山；纽约石溪学校 STEM 课程中有人工智能；Deerfield 学校的校刊经常探讨美国的政治和文化。从这些点点滴滴的侧面就可以帮助了解一个学校的文化和特长了。

Deerfield 校园一角

☆ 要了解学生自身的优势和兴趣

了解自身的优势和兴趣，就是真正地挖掘自己的内心深处，真正地了解自己喜欢什么，擅长什么，自己擅长的东西达到什么水平，而有的放矢地选择活动。

☆ 要深入了解课外活动的方方面面

明确可能参加的活动的目的和对自己能力的要求，活动的具体内容是什么，参加这个活动是不是真正地能帮助自己实现这个目标。

如果把第一个因素比作彼岸，第二个因素比作此岸，那么适当的课外活动就是此岸通向彼岸的小船，其实选择课外活动就这么简单！

最后，做一个小总结，今天我们就美高课外活动的主要类别跟你做了一个分享。常见的课外活动有学术类、义工慈善类、文体类和国际类。至于选择其中一项或者几项，第一要素是孩子的喜好，其次才是根据学校的要求。选择好合适的课外活动，孩子会增加幸福感，而且也有助于孩子申请美高，所以要好好把握和规划。

第六章　个人陈述是如何炼成的？

在申请自述方面，有两种认识误区。一种认为，自我陈述就是把自己的方方面面全部展示出来。还有一种则认为，我很一般，所以没什么好写的，不知如何写起。

　　这两种误区，表面上是不知道怎么写，实际上是没有留出足够的时间去考虑申请自述的写作。更深一步说，就是对于申请自述这个事情还是不够重视。初中生申请高中的申请自述，主要是对 SAO 上那些问题的回答，从某种意义上会是你初中时代最重要的一系列文书。

　　从小就受中国传统教育的学生往往太迷信分数的力量，其实申请美高的文章，尤其是文章所呈现出自己的特点和态度的重要性并不亚于考试成绩。所以一定要给出充分的时间来准备这些文章，千万不要因为太关注分数，而没有给文章以足够的重视和时间，有些学生到申请后期非常匆忙，这样一般是写不出好的申请文书的。

　　申请者不用很早就开始写这篇文章，但是要很早就把这件事放在心上，反复地头脑风暴，并且跟教师、家人、朋友一起反复推敲。有的学生觉得自己很普通，没什么好写的，其实在美国的教育工作者看来，每个学生都有独特的地方：有的学生有很强的工作能力，有的学生特别擅长考试，有的学生有明确的人生目标，有的学生乐于助人，有的学生在学校里展示出了领导才华，有的学生热爱文艺体育，有的学生比较有条理……这一切的一切都是可以拿来证明给美国高中学校看的，都有可能是你独一无二的特质，都有可能是你到美国留学的机会。当你不再受到中国传统的以分数论成功的评判标准约束的时候，你留学美国的道路就变宽

作者跟学生座谈个人陈述写作

了，申请可以干得很酷，很漂亮！

有一个温州富商的孩子，他在学校初中部成绩一般，而且在学校分数至上的氛围里，感到很压抑。他爸爸告诉我，这孩子曾经也是很阳光的，可是后来就变得拘谨沉默，而且因为成绩在班里总是中等，显得不那么自信。在我带领他全家人在美国访校游学中，他爸爸特地关照我多关注一下他的孩子。

短短的两周，我跟他孩子加深交流后，发现其实他儿子并不是简单的沉默寡言，只是他并没有发现儿子丰富的内心。比如说，我们聊到美国纽约的硬件发展缓慢，他儿子谈到美国民主的局限性，随后又聊到美国政客的政治正确等话题。一个从未出过国的初中孩子能够有这样深度的思考，让我很惊讶！日后这个孩子就以美国之行中的聊天为触发点，写出了一篇颇有深度的文章。后来这个孩子申请到了美国十大联盟高中的一所名校。半年以后，该校的校长一谈起这位学生就赞不绝口，而且这位学生还代表该校参加美国国际象棋校际比赛，取得优秀成绩。

作者带领中国学生访校

所以，不要觉得自己的孩子不爱说话就着急，其实孩子们一旦展开思想的翅膀，进行头脑风暴，产生的作用和对未来的影响或许会超出你自己的想象。

其次，如何选择合适的主题呢？一般来说以下的主题比较合适：

* 你学术方面的成就。这里不是平铺直叙地说你的学习成绩或者说学术成果，而是指你是如何取得成功的。比如，你曾经遇到的一种特殊的困难和挑战，或者不利的环境，而你是怎么克服它们并取得成功的。

* 你的独创性、动力、领导力、韧性、服务他人的习惯，以及多元文化体验这些特点；还有就是你在某些方面的特长和过人之处。

我以前任教的学校里，有一位九年级的学生，我作为他的选课导师。一开始接触他的时候，他是个小胖子，成绩还不错，但是他并没有给我留下特别深刻的印象。十年级时他选了我的中文课，他成绩很好，可是发音，尤其是四声，不是特别理想。康州每年都有中文诗歌大赛，他毛遂自荐参加，其实我当时多少有些担心，因为他毕竟代表我们学校。没想到在未来准备的一个月中，他竟然每天坚持找我苦练发音，在练四声的时候，他一个小胖胖竟然会全身手舞足蹈，用身体的带动强迫纠正发音，就这样他坚持了一个月，四声发音已经接近中国本土人，最终在全康州的诗歌大赛中以一首柳永的《雨霖铃》获得了全州第二。接下来整个十一年级那年，每次我去健身房总是能看到他。有一次，他向我透露要报考西点军校，我对他的信心渐渐增加。我告诉他把自己曾经战胜四声发音困难的过程，以及最终取得比赛第二的事情，和健身房的锻炼写入申请文书中。在他十二年级的一次校会上，西点军校的招生官亲自当着全校师生为他颁发了录取通知书，而此时的他，已经从九年级的小胖子成长为一个身体健硕的小伙子！

还有一种可能行，就是你有太多的才能和经历，那么如何渐渐缩小并最终选出最好的主题呢？有一个方法，对于你头脑风暴的每一个主题，都要问问自己以下的几个问题：

作者推荐进入西点军校的学生

为什么告诉录取委员会这个话题？它是如何跟我有关联的？

这个话题告诉录取委员会关于我的什么方面？它反映了我的什么特质？

这个话题以及它所反映的特质怎样跟我想申请的学校、专业建立联系？

我有一个学生，他的种族非常多元化，是美国、印度和加勒比海三个地区的混血，他经常利用假期时间在这三个地区度假生活，每次跟我聊起这些文化差异都会滔滔不绝，他告诉我对社会人类学特别感兴趣，十一年级时我建议他以多元文化作为切入点写个人陈述，最终也被美国名校录取。选择合适的主题这方面美高、美本的录取是相通的，所以是可以互相借鉴的。

刚才说的头脑风暴是第一步。那么，具体到写文章，要注意一定要表达清楚，观点明确，有条理和逻辑。

最关键的头脑风暴和选择主题过后，已经有了合适的例子，接下来要思考的是如何把这些例子围绕一个中心思想有逻辑地组合在一起，你可以首先写个大的框架，然后写内容，当然写内容的同时，框架也可以适当地调整。

整个写作的过程就好像一个雕塑的过程。对于我们招生官而言，每年看到大量的文章提到自己创造性以及对某一学科的兴趣和领导力等，但是我们更想看

作者在与一名申请美高的初
中生头脑风暴

的是你在过往的经历中学到了什么，你是怎样成长的，你对自己的认识，未来你
是如何用你受到的教育和切身经历来实现你的目标的。

总之，用具体真实的事例来反映你的思想和性格特征，效果要好得多。切记，
我们录取委员会成员特别注重具体和细节，其实不仅是美高申请，如果在美国生
活久了，你会发现整个国家的文化都是如此。用雕刻家的眼光来反复打磨你的这
几篇文章之后，再去检查语法、标点以及拼写，到此为止你的形象雏形已基本
显现。

还有最后一步，就是把你自己的文章读出来，先读给自己听，然后再读给
你的老师、朋友和亲戚，参考各方面的建议，并最终对自己的作品做出最后的精
雕细琢，这样一件栩栩如生的雕塑品就会呈现在你的面前，而你自己丰满的形象
也就会自然清晰生动地展示在我们面试官眼前。

我也给大家分享一下申请美国高中的几篇文章要尽量凸显的和避免的特质：

需要凸显的特质：

成熟、同理心、真诚、诚实正直、领导力、思路清晰、积极热情、正能量、
坚持、韧性、能跟不同文化的人相处、交流沟通技巧。

需要避免的特质：

空洞、负面、找借口、受害者心态、偏见或者歧视某个群体、依赖。

最后，做一个小总结，今天我们分享了美国申请中最重要的一篇文章，就是你的个人陈述。个人陈述要怎么写，首先要比较早开始头脑风暴，挖掘你的特质。然后，要选择最合适的主题。具体到写文章，注意一定要表达清楚，观点明确，有条理和逻辑用具体真实的事例来反映你的思想和性格特征。最后，要像做一个雕塑作品一样，反复打磨你的个人陈述。这之后检查语法、标点以及拼写等等。

第七章 如何写出既符合学生实际，又能给招生官想象空间的推荐信？

　　在美国任教十年，每年都有若干个学生找我写推荐信，大多数学生是要申请美国大学的。但凡找我写推荐信的学生，一般来说在我任教的中国语言文化课程中成绩都不错，而且跟我也比较熟。我也是非常乐意为学生写推荐信的，但同时也明白这是一份沉甸甸的责任，我会特别认真对待。从头脑风暴到跟学生进行深入交流，最终写出既符合学生实际，又能给出招生官想象空间的推荐信。

作为教师我为学生写过很多推荐信，作为招生官我又审阅过很多推荐信。所以我想从这两个角度跟大家分享如何写推荐信。这样自己的孩子如果想去美国读高中，但有些国内的中学老师不太清楚如何写一封好的推荐信，或许孩子以及家长可以给国内老师一些建议。

在分享如何写推荐信之前，首先谈谈选谁做推荐人，因为选择推荐人这件事本身也是很有讲究的。一般来说，很多学校要求推荐信来自数学和英语教师，再加上校长或班主任。那么具体如何选择呢？很多人会想当然认为名气越大、职位越高越好。其实不然，如果这样一位推荐人并不太了解你，写出来的很有可能是空洞的夸赞之词。这不仅不能有效地帮你拿到录取通知书，甚至还会起副作用。因为如果你请了不了解你的人写推荐信，推荐信无法反映真实情况，空洞之辞会使招生官对你产生不信任，甚至会怀疑你其他的申请材料。

所以推荐人一定要了解你。比如你的代数老师是个大牛人，但是他只是教过你一个学期，而你的几何老师虽然相对平凡，但是他教了你两年四个学期，而且还比较认可你，那么就应该选择几何老师为你写信。当然如果你的推荐人既有影响力，又特别了解并认可你，则是最佳选择。

作者推荐的中国学生去了哥伦比亚大学

而第三位推荐人一般来说选择班主任或者升学顾问，这第三个推荐人的重要性绝对不次于前两个学科的推荐人。他们负责成绩单、学校报告、学生评语等方面，他们的评价可以帮助我们招生官知道申请者在所处群体里的水平。此外，第三个推荐人也应该谈到你的性格、课外活动等课堂学习以外的东西。有的学校除了三封推荐信还会有一些额外可选择的推荐信的要求，最典型的 Hotchkisss 甚至可以有多达 5 封推荐信。这时可以让你的篮球教练谈谈你的篮球水平，以及在篮球活动中体现的团队精神和勇气等特质，可以让社区活动的负责人谈谈你的同理心以及责任感等方面，使你的形象更加丰满。

总之，选择推荐人如同写推荐信一样重要，不同的推荐人最好从不同的角度来把握申请人的特性，几封推荐信是一个整体，可以综合地呈现出申请人真实而又美好的形象。

推荐人选择好了，那如何写出一封强有力的推荐信呢？我从以下三个方面分享。

首先，推荐信最忌讳不真实，美国的教师和招生官特别关注推荐信的真实性。目前一些由中介机构代写推荐信或者申请人自己写，然后推荐人签名这样的做法是不符合规定的。这种情况严重一点来说就是作弊。即使从效果本身来说也不好。因为这样的推荐信不能有针对性地反映出老师和这个学生的关系，以及学生的特点和优点。

有一次，我们招生办主任在美国一个国际教育大会后聚餐，其中一个十校联盟的招生官提到对于来自中国的推荐信他们有时会打个问号，因为经常发现推荐信里的学生跟招到校园的学生反差太大。这种现象的确屡见不鲜。

所以为了改变这种印象，我坚信一封好的推荐信一定是真实可靠的。真实可靠的一个层面是推荐信一定要推荐人自己写，第二个层面是内容要真实。推荐信一定要基于学生的实际情况来反映一个学生，切记不可以过度强调和渲染，更不能把自己吹嘘得不着边际，因为这样的推荐信会使招生官怀疑推荐信的内容是不够真实，甚至是杜撰的。

其次，一封好的推荐信需要推荐人对申请者有足够的了解，一定能够提供足够细节，所谓细节取胜。记住，对于细节的重视绝对是美国教育和美国文化中一个非常重要的维度，我在美国求学以及工作会议期间，"Specific"是个高频率的词，美国人最不喜欢讲一些不着边际的口号、模板式的话语。老师接到申请人写推荐信的要求后，也不要急于下笔，而是先要头脑风暴，把你所了解的这个学生的方方面面都写在一张纸上，然后跟学生深入交流，通过细节了解到学生的内心深处、性格、态度等。此外，推荐人一般会强调自己在何时何地通过怎样的方式和申请人相识并且一起做了些什么有意义的事情。在下笔的时候，通过细节的展现，不仅体现了推荐信的真实性，而且会给招生官呈现出一个生动的申请人的形象。如果推荐信能够从细节中适当地挖掘出申请人积极正面的性格特征，并且点到为止，那最好不过。

再次，好的推荐信一定要把学生的长处和特点与学校的要求和期望结合起

Jack跟作者父亲用中文流利地交流

来。比如我有一个学生他想大学主修生物化学，辅修中文，那么我当然在推荐信中就会展示他学习外语的热情和天赋。2014 年的夏天，我跟父亲在北京的中国音乐学院听一场音乐会，当时我知道我的这位叫作 Jack 的学生正在北京大学研究生院暑期实习，主要是帮助一些生物学教授做些实验相关的事情，我于是邀请他来共进晚餐和听音乐会。晚餐上，他用流利的中文跟我父亲沟通，晚餐后我们一起听音乐会，中场休息 15 分钟，我们边用中文聊聊他对中国民乐的理解，边用手机下中国象棋，因为 Jack 是个中国象棋迷。这件很小但很有意义的生活中的事情，却非常自然地反映了他对生物和中文的热爱以及素养，可谓一箭双雕，我把它写入了 Jack 的推荐信中，日后 Jack 进入了美国顶尖的文理学院。

还有一个学生，我在 Independence Study 中教授他金融汉语，就是用中文学习基本的金融知识。而他同时也是我们学校的数学俱乐部主席，推荐信中自然会提到他的金融汉语的学习，有助于他在大学读金融经济学科；还有一个学生，他想在大学读商科，在美国读商科特别注重合作和团队精神，从学术上我很难表达他的这种特性，不过刚好我是他的网球教练，于是在推荐信中会把他打网球的团结协作精神简约地提到一笔，画龙点睛。

总结一下，我们今天谈了美高申请中的推荐信。首先，我们要选择合适的推荐人，这个推荐人要真正地了解你，所以能够写出真实可靠的推荐信。因为了解你，所以推荐信会写到跟你相处以及你各种表现的具体细节，记住，细节决定申请成败。还有就是三封推荐信应该从不同的角度来支持申请人，使申请人的形象更加丰满。

第八章 申请美高的平台

申请美高最常见的三种平台分别是：SAO，Gateway，TABS以及学校自己的在线网申系统。一般来说，除非申请人只申请一所学校，大多数会选择前三种平台中的一种，这种网申平台有点类似于申请美国大学的Common Application。不同之处是美国大学常见的网申平台只有Common Application。而私立高中有的接收SAO，有的接受Gateway，有的接受TABS（相对比较少见），有的只接受自己学校的网申或者以上四种的任意组合。比如Vermont Academy接受以上四种申请方式的任何一种，Hotchkiss使用Gateway，Phillips Exeter Academy只接受自己的名为Application Information Form（AIF）的网申系统。

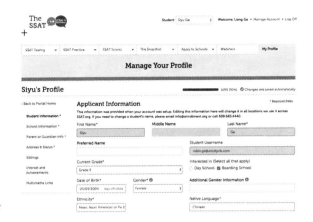

SAO 平台的界面

　　三种公共网申平台中，最常见的就是 SAO，有 800 多所学校接受，它的优势适用范围广，用户界面友好，方便操作。劣势是各个学校填写的内容相近，缺少空间展示自己的个性。而 Gateway 共有 60 多所学校接受，其中不乏顶尖寄宿高中。优势在于问题比较个性化，有足够空间展示申请人的特色，劣势是缴费后才能看到文书题目，而且步骤和填写内容较为复杂。还有一种是寄宿中学协会（TABS，The Association of Boarding Schools）的申请系统，这个协会是一个由来自美国、加拿大等国家的 300 多所寄宿学校联合建立的公益性组织，是最不常用的一种申请平台。今年我们 VA70% 的学生使用 SAO 这个平台，而只有 28% 用的是 Gateway，剩下 2% 是用 VA 本身的平台以及用 TABS 的，今年用 TABS 的只有一个学生。

01 从 0% 到 100%
SAO 申请大致流程

第一步：通过 SSAT 官网 https://ssat.org/ 登录学生账户，先完善自己的 profile。填写各种个人信息，包括学校信息、兴趣成就、家长和监护人信息、地址等一系列信息。带 * 部分为必填项，要保证信息准确性，不过在向学校递交申请信息之前，都可以进入 profile 进行修改。

第二步：申请意向学校，点击 "Apply to schools" 进入申请页面。搜索栏里查找自己要申请的学校，按照提示完善申请材料（学生和家长的文书以及老师推荐信等等），可以通过 "Search by Name to Add School" 这个对话框添加多所申请学校。

第三步：在每个申请学校的下端有一行小字 "Show 1 School-Specific Item and More Details"，有时会显示 "Show 2 School-Specific Item and More Details"，建议一定要点开，这就是不同学校对申请人有不同的

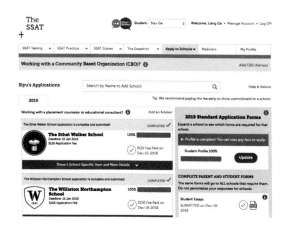

通过 SAO 申请若干所学校

每所学校的细节要求

额外要求。比如"The Stony Brook School"打开，就发现它有 Vericant
面试的要求。（当然这是官方的要求，我实际上是帮助好多学生和客户免掉了这
一步）。有的学校会有额外的文书要求，或者学校额外的表格填写。除此以外，
这个部分还会提供申请人关于这个学校的其他信息，比如学校的活动，"Open
House"的时间安排等。

第四步：支付申请费，学校名称后面有绯红色"Pay Fee Now"字样，
点进去付款。美国高中申请费千差万别，我为这位学生申请的 6 所学校中最贵
的申请费 250 美元，最便宜的只有 25 美元。付费仅支持使用 VISA Card、
Master Card、Discover 信用卡。付了费显示绿色，没付费的保持绯红色，
这个学生后来不愿意申请这所学校，所以就一直没付。

第五步：完成申请并支付成功，而且各种材料递交后，学校名称后面申请
进度绿条将会显示 100%。注意，建议递交申请后，申请人跟现在学校的推荐
人和校务处务必保持联系，确保校方把这些支持材料寄送完整。完成之前，绿条
会显示比如 60%、80% 等进度来提醒你。另外，支付申请费之前可以随时取消
对某所学校的申请，一旦支付成功则不能再撤销申请。

把握申请进度

SAO 后台系统

Student Essays

A standard section containing 5 writing prompts to be completed by the student.

Instructions

This section of the application should be completed by the student. Your answers will help the admission committee to learn more about you. For the first 4 questions, you should write as much or as little as necessary to sufficiently answer the questions, however it is recommended that you not exceed 250 words. For the 5th question, please keep your essay between 250-500 words.

- What reading have you enjoyed most in the past year and why?

  过去一年，你最喜欢读的书是什么，为什么？

- Describe an academic or extracurricular achievement of which you are most proud or a challenge you have faced. If you select an achievement, what did it take to accomplish this achievement？ If you select a challenge, what did you learn from it and how did you overcome it？

  描述一次让你最骄傲的课外成就，或者是经历的一次挑战。如果选择描述一次成就，要写出是什么让你获得了这次成就；如果选择描述一次挑战，要写出你从中学到了什么，并且是怎么克服这次挑战的。

- Each person has a unique set of character skills they learn and develop over time. These characteristics affect the way they think, feel and behave. Examples are things like cooperation, open-minded, curious, thoughtful of others, responsible, etc. Take a moment to think about the character skills that make you who you are. Describe one of your character skills and a time or situation when that skill came in handy.

  每个人都有自己独特的性格和技能，这些特质都是长时间学习积累所得。特质会影响一个人的思维方式，感受和行为。比如：合作、开放的思维、好奇心、关心他人以及责任感等。想一下自己有什么特质，描述自己的一个特质，并具体说明这个特质在什么情况下或者什么时候发挥了作用。

• What are the reasons you want to attend an independent school? What do you believe you will contribute to a school community?

　　你为什么想在美国私立中学读书，你认为你自己能为学校社区做些什么?

• Please choose One of the essay prompts below.

　　请从如下文书题目中选择一道来作答。

a) Describe a person you admire or who has influenced you a great deal.

　　描述一个你崇拜的或者对你影响很大的人。

b) If you could spend the day with any 2 people real or fictional, living or not, famous or not-who would those 2 people be and why would you choose them?

　　How would you spend your day and what topics would you hope to talk about?

　　如果你可以和两个人共度一天，这两个人可以是真实的，也可以是虚构的，活着的或者过世的，有名气的或者没名气的，你会选择哪两个人，为什么选择他们? 你们会如何度过这一天，会谈些什么?

c) Explain the impact of an event or activity that has

created a change in your life or in your way of thinking.

说明一件对你人生或者你的思维方式有重大改变的事情或者活动。

d) You have fond a time-machine and traveled 40 years into the future where you are able to meet and interview your future self. What did you do in the years following high school? Where do you find yourself living in the future and what is your life like?

如果你有一台时光机，穿越到未来 40 年后，然后你会遇见未来的自己。你会在高中毕业后做些什么？你会在哪里生活，你的生活会是什么样子的？

e) Imagine you are spending the weekend with your family in a location with Zero technology—no phones, TV, computers, video, radio, etc. How will you spend your weekend? Describe some of the activities you will do to pass and enjoy the time.

想象一下你和家人在一个没有任何科技的地方度过周末，这个地方

SAO 后台系统分辨同等级别学校

没有手机、电视、电脑、收音机等。你会怎样度过你的周末？描述一下你会如何安排活动来享受周末时光。

- Write a 250-500 words response to the essay prompt you picked.

  写一篇字数在 250 ~ 500 字之间的文章。

- What are the reasons you are considering an independent school for your child？What do you believe your child might contribute to a school community？Are there particular skills or talents you hope will be cultivated at your child's next school？

  是什么原因让你考虑把孩子送到私立学校读书？你认为孩子可以怎样对学校社区做出贡献？你希望你的孩子有什么特殊的技能和天赋，在学校能够得到进一步发展？

- What experience has posed the biggest academic and/or extracurricular challenge for your child？How did/has your child responded to that challenge？

  你的孩子经历过最大的学术和课外活动的挑战是什么？他是怎样应对的？

- If there is anything you wish to tell us about your child，but that you have not yet had an opportunity to share，feel free to use the space below to offer your thoughts.

  如果你有什么关于孩子的事想跟我们分享，但还没有机会分享的，可以在下边提出。

02 高处不胜寒
Gateway 在线申请系统

　　Gateway 最初是由美国几所一流的寄宿高中创立的，其中包括迪尔菲尔德学院（Deerfield Academy）、格罗顿高中（Groton School）、霍奇基斯中学（The Hotchkiss School）。到现在为止有 61 所学校已加入，名单如下表所示。Gateway 申请系统的学校除了申请表格是一样的，每一个学校都会有自己的题目，而且现在越来越多的美国高中开始接受 Gateway。这就要求学生在准备文书的时候，只参考 SAO 系统的文书题目是远远不够的。另外 Gateway 在学生缴费之前就可以预览学校的题目。

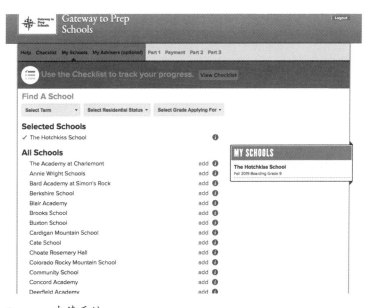

Gateway 申请系统

Gateway 申请流程如下：

第一步 Checklist: 输入账户名和密码登录网站，先提交学生本人的 Candidate Profile，再按照 Checklists 的步骤查询已经或还没有完成的内容。

第二步 My Schools: 选择你要申请的学校。

第三步 Part 1: Candidate Profile，填写个人基本信息。

第四步 Payment: Part 1 提交后才能缴费。

第五步 Part 2: Essays，以上步骤都完成的情况下，这里才能开始 Short Answer，Essay 以及 Parent statements 的填写。

第六步 Part 3: Recommendations，Candidate profile 完成之后，才能进行这一步的工作。根据学校的不同，大部分学校需要提供推荐信，一般必须有的是 School Report、English Teacher Recommendation 和 Math Teacher Recommendation。

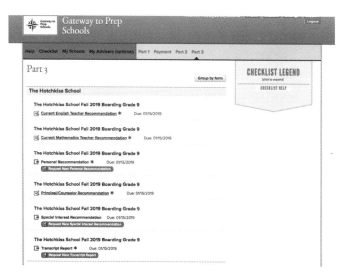

用 Gateway 申请 Hotchkiss 的例子

第九章　美高招生办主任谈面试

作为美高招生办主任，我的主要工作职责之一就是面试来自世界各国的学生，有的是校园面试，有的是通过Skype面试。在此，我首先谈谈存在于家长和学生中关于面试的误区。

01 第一大误区：对于面试的重视不够

    很多家长和学生花了大量时间和金钱准备标准化考试和各种材料的包装美化等，但以为材料寄出去就万事大吉了。其实，很多美高，尤其是比较好的美高是非常重视面试的。如果接到了面试通知，那么恭喜你，你离美高的录取迈进了一大步。或者说，面试基本上是决定被录取与否的最关键的一步，所以值得好好把握！

    那么我们美高的面试官为什么要面试呢？那么多繁杂的申请材料还不够吗？几年前的夏天我跟美国一个私校的校长聊天，他提到："最近几年招生部门通过留学公司招了一些中国学生，公司顾问素质有限，没有好好把握学生的真正水平，所以校方发现有的已经被录取的中国学生其英语、学术水平以及性格让人感觉和申请材料中描述的好像不是同一个人，而比较高的英语标准化考试分数跟眼前英语结结巴巴的学生似乎不太相符。"所以近些年这位校长认为面试越来越重要，不仅这位校长，我本人作为招生办主任对面试也十分看重，因为面试通过对话能够真正考察学生的英语听说应用水平，也能考察学生的学术、性格和创造性思维等。

Knox 高中学生宿舍

02 第二大误区：以为面试就是面试官在考察自己

　　看看面试的英文单词"Interview"，什么是"Inter"？"Inter"本身是"相互""之间"的意思，所以面试其实是一个相互了解的过程。有了这个意识，你就懂得什么是轻松聊天式的面试（而不是一问一答式的），也就懂得要准备一些你特别关心的问题来问面试官。其实我们面试的过程真的不只是在考察一个学生，在面试的过程中也会努力发掘眼前的这个学生是不是适合自己的学校。而学生也应该通过面试来发现这个学校是不是适合自己。

03 第三大误区：迫不及待表现自己，忽视了面试过程中"听"的重要

　　我面试过的学生经常会遇到特别想表现自己，说自己的各方面优点，这本身是件好事，但一定要注意面试官的问题，因为不止一次，我面试过的学生会有答非所问的现象。答非所问的其中一个重要的原因是忽视了"听"的重要性。

　　而对于面试官，一方面我们会认为你听力不好，另一方面我们会觉得你不够尊重他人，或者至少不够尊重我们的问题，会给面试官留下不好的印象。

　　高明的申请人如果在听面试官问题时，不仅听问题本身，还能听出其口气语音语调，然后从回答的内容和语音语调方面都给予相匹配的回应，建立一种"Empathy"关系，那就离成功不远了。（比如对于一些现象 growth mind，soft skills 等等）其实，不仅是面试，在人际交往中"听"也是非常重要的一个技能。因为很多人都有表达的欲望，而对于说者，被听就是被尊重和被爱。

　　了解了面试的三大误区以后，对于面试本身，我主要也是从三方面给大家分享。第一是面试前的准备，第二是面试中的注意事项，第三是面试后的后续工作。其中面试准备最为重要，因为面试准备做好了，面试中只要注意到一些具体的技巧，成功的面试就是一件水到渠成的事情。而面试后的工作主要就是表达一下谢意和确认一下兴趣。

04 面试准备

对于面试准备我分三个部分跟大家分享：也就是进一步深入地了解学校，面试问题准备和面试心理准备。

☆ 我为什么喜欢十校联盟的学校?
更深入地了解学校

相信在择校时，你已经对学校有了一定的了解，但接到面试通知时，你必须首先花更多的时间对学校进一步更深入地了解。因为在面试的时候你很有可能会遇到"为什么选择我们学校"之类的问题。遇到这个问题时，你可以适当简要

面试中的一位优秀中国学生

地讲一下这个学校的优点和特点，但更主要的是挖掘出这个学校的特点和你自身的关联处。比如这个学校有国际象棋俱乐部，而你是国际象棋的高手。

再比如，你喜欢这个学校因为周边的环境等。曾经我帮助学生进入竞争非常激烈的美国十校联盟之一的 Choate Rosemary Hall，当时在辅导他面试时，我就让他在网站上好好研究，把和自己的背景、爱好、特色相关的地方全找出来。最后总结了几点：学校环境非常优美，师资力量雄厚，数理强，而这个学生曾经在国内数学竞赛获过大奖，当然这样的学生对师资力量要求高，合情合理。

还有一次，一位学生从一个在加州华人学生数量超过 50% 的学校转校面试的时候，她提到想来我们学校的原因是：国际学生特别少，小城镇非常安全，而且寄宿家庭素质很高，这个女孩子真实地表达了她择校的原因，跟我们学校非常匹配，所以成功地说服了我，在录取决定文件上写下了"Accepted"。从以上两个例子，可以看出，面试的时候，要真实地表达自己的情况和意愿，并且跟学校的特点做个匹配。这种结合点，perfect match 在面试准备中非常重要。

☆ "十万个为什么"
问题准备

在此我主要列出一些常见的问题，这些问题基本上涉及美高面试的方方面面。学生在面试前可以适当地准备，但是准备的过程中有两点很重要。

第一是内容：我不建议学生背诵答案。面试官很反感学生背答案的机械方式。学生根据以下我将罗列的问题，进行头脑风暴，大概把握回答问题的要点，大体知道用什么词来逻辑地表达意思即可。

第二是形式：我建议学生对着镜子操练一下，然后找个合适的人选做一次模拟面试，并且用手机录像。回放录像时，你或许会发现自己的面试中形式方面需要调整的地方，比如你语音语调不够清晰，比如说话速度太快，好像在赶时间，或者太慢，让人觉得你反应很慢，或者有太多的不自信的信号，比如面部表情的不自然，缺少眼神接触，语言中有太多"Maybe"等等。

一次，我面试完一位上海来的学生后再面试这位学生家长时，家长就提出自己孩子语速太快，思维太过于跳跃，今后要让孩子注意这一点。还有一次，我面试一位来自南美洲智利的孩子的时候，她语速实在太慢。后来前者被录取，后者被拒；我在美国德州一个教育管理大会上，全场几百名校长和其他教育工作者同时互相用手机录下坐在身边的人交流时的语言和非语言交际，当然那场会议的话题是关于"Feedback"，然后回放，找出优缺点，几百名与会人员反映学到很多很多。

从语言交际的角度交流可以分为 Verbal Communication 和 Non-verbal Communication。 前者就是交流的内容，而后者指的非语言交际，也就是形式的部分，从交际的效果而言，其重要性并不亚于内容。我面试过几百位亚洲来的学生，普遍而言，凡是在美国读过 Junior High（初中生）的亚洲学生表达起来相对丰富一些，而直接从亚洲来的学生虽然可能很聪明，但语言表达中的 Non-verbal 部分一般来说略显单调，这一点，希望直接从中国大陆申请美国高中的学生和家长要适当引起注意。

从销售员的角度来看待这个问题，产品是内容，而如何推销这个产品是形式。面试某种意义上也是推销产品的一个过程，这个产品就是你自己，而如何推销及推销的形式也非常重要。当然好产品，推销起来相对省力，如果产品不那么好，推销起来技巧就更加重要。面试如此，人生也是如此。

接下来，我们来看具体要准备的问题。

☆ 当前就读学校的学习情况 （School life）

a）你喜欢你现在所在的学校吗？（Do you like your school？ Why or why not？）

Tips: The location, facility, faculty, other features。回答时可以从学校的地理位置谈到优美的环境，比如设施很好，篮球场、网球场、游泳池、乒乓球场、高尔夫球场、冰球场、教室内现代化的教具等。还有就是教师非常优秀，高学历，关心照顾学生。其他特点比如有很多 AP 课程可供选择，有很好的马球场地等。一般来说，以回答你喜欢的方面为主。但对于转学的学生而言，可以考虑先说优点，再提到一些不足，然后希望通过转学改进。

教育界典型的三步走思维：先表扬，然后提出不足，最后改进方法。这几

南康州私校学生高尔夫球训练场

乎是我们美国教师为学生写评语的套路，同样适应于此。我曾经面试一位在马里兰州读十年级的美国学生，我问她是否喜欢她就读的学校，她说喜欢呀，比如学校人多，设施也不错，但没有回答为什么转学。如果找不到合适的理由，我们面试官可能会以为这个学生也许就是不能适应，会产生负面印象。后来在我的提示下，她才回答我觉得学校的课程设置没有挑战性，这就是比较真实的回答。记住，一定要真实。

b）讲讲你喜欢的课程，为什么？哪些课程你觉得有挑战性，你是怎么接受挑战取得成功的？举个具体的例子。（Please tell me your favorite courses？ Why？ Or what courses do you feel challenging？ How did you overcome difficulties to achieve success in that course？）

Tips：选择你喜欢的课程来回答，至于为什么，比如可以说对自己有实际帮助，教师幽默有趣，有助于实现自己的理想。对于有挑战的课程，可以讲自己如何克服困难，取得进步的具体动机和方法等。比如数学课作业量大，理解困难，于是就通过课后向老师多提问，并且多练的方式熟能生巧，最后克服了困难，成绩提高，成绩提高又使自己爱上数学，进入了良性循环，最终取得（AMC）美国数学竞赛二等奖。

c）你最喜欢哪一位老师，为什么？（Who is your favorite teacher？ Why？）

Tips：这种问题比较简单，回答的关键真实就好。比如某位教师幽默风趣，知识渊博，友好耐心等。

☆ 关于课外活动（Your Extracurricular Activities）

a）你最喜欢哪项课外活动？（What's your favorite extracurricular activities？）

　　Tips：选择你最喜欢并且贡献和成就最大的一个，谈谈你为什么喜欢，做出了什么贡献，取得了怎样的成绩，并且从中学到了什么，比如通过慈善活动，培养了自己的爱心，而且锻炼了自己领导力。我面试过一位来自美国南康州超级贵族学校来的学生，他说想申请我们学校主要就是因为他太爱 Ice hockey 了，而南康州那所学校虽然学术超级优秀，可就是 Ice hockey 有些弱，我们学校除了学术很强，Ice hockey 也超级棒，其中一个教练就是从耶鲁大学请过来的。

　　b）你有什么爱好和特别感兴趣的事情？（Do you have any hobbies or special interests?）

　　Tips: 讲讲你的爱好，并且谈谈爱好对你的正面积极的影响，比如开发智力，增大见识，培养健康的价值观，增进体魄，等等。比如打网球，一开始球老是打飞或上网，后来请了教练，对于发球、接球、正手反手做了多方面的纠正，自己每天坚持，于是越来越喜欢这项运动，不仅乐在其中，而且健全了体魄。曾经面试过一位来自澳大利亚的小伙子，他特别喜欢高山滑雪，在面试的过程中给我看了他精彩的滑雪录像，他的这个爱好就给我留下了很深刻的印象，最后录取了他。

Margot 参加纽约茱莉亚音乐学院的面试演出后

☆ 个人生活以及家庭情况（Personal and Family Life）

a）告诉我你自己的生活，以及你的家庭背景和你在生长环境？（Tell me about yourself, including your family background and where you grew up？）

Tips: 这个问题就是一个简单的自我介绍。主要谈谈自己的日常生活和性格，以及家庭背景等。比如你父母的教育、职业、性格以及对自己成长的影响，主要讲正面的影响。除此以外，讲讲自己生活的地区，文化风俗，发展变化等。

有一次，面试了一位清华大学教授，他想送他的孩子来我们学校读书，其间他特别强调，虽然自己作为教授，但是对于孩子他却是放养，完全培养孩子的独立能力和天然的爱好，比如他强调孩子数学并不是太好，但是孩子从小喜欢生物，于是就让孩子顺其自然地发展，这位清华教授的孩子也给我留下了很深的印象。

b）哪一个人对你的生活影响最大？（Who influenced you most in your life?）

Tips: 可以选择你身边的人，比如父母、老师、教练、朋友等，也可以选择公众人物。关键是第一，你相对比较了解这个人，第二，你能够说清楚为什么他对你影响最大，比如对你的价值观、性格、生活习惯、学习力等产生深远影响。我面试过一位来自上海证券公司老总的孩子，他就提出父亲对他的影响很大，从小就耳濡目染很多金融知识，在自己的 Junior High 还成立了金融俱乐部。

☆ 关于目的学校的问题 （Questions about the school you applied）

a）你选择美高的标准是什么？（What are your criteria in choosing high school in US？）

Tips：可以参考我择校的第一讲座，主要可以从地理位置、学校类型、师生比、国际学生比例、课程丰富程度、课外活动、校园文化、毕业生的去向、校友、甚至校园餐厅和住宿条件等谈起。主要结合自己的兴趣爱好来讲。面试过一位法国的女孩，她很明确她选择学校的标准就是有中文项目、网球项目，而且学校要小，环境优美。还有一次面试中国证监会高官的孩子，他和他父亲的目的很明确，他要去的美国学校一定要有 Alpine Ski，也就是高山滑雪。

b）我们为什么会录取你？你能为我们学校带来什么？（Why should we accept you？ What can you contribute to our school？）

作者跟江苏百川校董谈私校面试

Tips: 这是一个很重要的问题。其实美国学校无论大学还是中学，不仅在乎申请人是否优秀，而且特别在乎这个申请人能够以自己的方式和特点，为该校或者某个项目带来其特别的贡献。比如学校的剧团需要一个女一号，刚好你能填补其空缺。再比如学校过去几年篮球赛一直输给其附近的死对头竞争学校，而你恰好是个篮球高手，那么你被录取的可能性就会高于即使你是全市网球冠军。有时，即使你并没有明显的特长，但就是因为你的性格，甚至种族性别可能也会占有一定的优势，因为美国的各种学校一般来说都会比较注重各种平衡。

☆ 你的动机是什么？（What's your motivation？）

a）你为什么想来美国读书？（Why do you want to study in America？）

Tips: 这个主要结合你对美国教育的了解来谈，比如侧重一个人的综合素质，能够学到很多软技能，再比如国际化的环境和提高英语等等。

b）你未来上大学想读什么专业？为什么？（What do you think you will major in at college？ Why？）

Tips: 如果你已经想好你未来的专业，你可以就自己的爱好、长处并结合专业的发展前景来回答。或者也可以讲自己家族对自己选这个专业的影响以及未来选这个专业的事业规划。当然，如果你并没有想好自己未来的专业，你完全可以说是为了在大学接受全面的教育，寻求更多的可能，然后最终决定自己方向。

☆ 申请人向校方提出的问题

一般来说，在面试快接近尾声的时候，面试官会请你提问。这个环节其实还是挺重要的，有三点要尽量避免。

第一，如果你提不出任何问题，你有可能会被认为对学校不够了解或者根本不关心不在乎，或者你性格比较被动，不够主动积极。

第二，如果你提出一些莫名其妙的问题，也会留下负面印象。比如你问面试官如何加入学校的中国象棋俱乐部，而学校只有国际象棋俱乐部。

第三，尽量避免一些太明显或者常识性的 Yes/No 问题，比如学校的老师好不好，学校有没有 AP 课程。

正确的提问主要有两类：一类是面试之前对学校研究过程中有些不理解或不明确的地方，面试时可以借此机会通过面试官搞清楚，尽量提出一些有深度的问题。

参考例子如下：

How many honor or AP classes does your school provide？

How many international students does your school have and how are they doing？

What do you think I can contribute to your school community？

In your opinion，what makes your school unique？

How would you describe the student body？

What do you think the environment in our school？

What is the mission of our school？ What's the education goal？

第二类是根据面试当场从面试官那儿了解到的信息，在这些信息基础上衍生出来的相关问题，如果学生能够当场就面试过程中的思考提出一些有深度的问题，效果会非常好。

☆ 要知道 "interview" 是相互的
心态准备

　　面试的英文单词是Interview，"Interview"的 Inter 是相互的意思，View 是看，所以面试说穿了，就是相互的了解，校方了解你的学习、活动以及性格等方方面面，而你则去了解学校的各种情况，所以美高面试的第一步要从心态上调整自己，不要紧张，知道这是一个相互选择的过程，其实也是一个聊天的过程，面试官通常会跟你聊半个小时左右。毕竟面试官也是一个有血有肉的普通人，这样从心态上你和面试官会处于一个平等的位置，有利于自己水平的正常和超常发挥。

常春藤预备学校面试官聚会（左一，Hotchkiss 招生办主任）

05 如何推销你自己
面试过程

面试分为两种：校园面试和远程面试。

说到校园面试，不得不谈一下着装，毕竟给人的第一印象很重要。凡是去
美国的私立学校面试，尤其去美国名校云集、学生趋之若鹜的新英格兰地区的学
校面试，对于服装的建议非常简单，就是两个字"Preppy Style"。可能有的
家长对 Preppy Style 不太了解，我简单普及一下。Preppy Style 主要是指
美国的家境优越，读私立预科学校（prep school），准备进入或者正在就读
精英大学，比如常春藤名校的美国青少年，从着装和气质上就透露着"受过优等

作者在面试 Junior High 的学生（左），他穿的是新英
格兰地区典型的 Preppy Style 服饰

教育""社会未来精英"类似的特点。Preppy 们通常着装精致、沉稳，又不经意中透露出青春。

　　具体而言，男生着装简洁，全身不要超过三个主要颜色，尺码一定要合身。材质绝对不允许化纤材料，衣服基本上是天然材料，如棉、亚麻、羊毛、真丝等。典型的衣服如下：牛津衬衫、保罗衫、卡其裤、海军蓝的西装搭配金属扣。面试的时候，对于男生最经典的搭配就是穿海军蓝西装，衬衫最好有领扣的，真丝领带，配淡咖啡色卡其裤，再加一双牛津鞋。

　　对于女生，夏天穿保罗配格子短裙加皮鞋，冬天则把保罗换成毛线背心和长袖衬衫，其余不变。

　　当然真正的 Preppy style 还不仅仅指的是穿衣，而是一种生活方式，比如，牙齿一定要健康洁白，指甲一定要修剪干净，男生不可以乱留胡子，身上的饰品越简单越好，纤瘦或臃肿的身材一定要通过健身来塑造好，还有与生俱来的一种优雅的气质。如果单讲 Preppy Style 至少要讲一个章节，但是学生面试的时候如果能注意到这种美国私立学校最为认可的典型着装方式，至少在形象上给校方一种亲切感和容易认可的第一印象。

　　穿着得体去了学校，注意，约好的面试一定不可以迟到。最好提前十分钟到学校，尤其新英格兰地区的冬天，要关注天气预报。接下来校园面试一般分为三个步骤，由校方安排学生或教师带领参观校园，然后给学生面试，最后一般有个跟家长交流沟通的阶段。

　　参观校园时，我们一般会安排 Student Ambassador 或教师带你对校园做一个全面的参观。不要以为这种参观仅仅是参观，其实学校对你的面试已经开始，因为最后学校招生官会问相关人员对你综合印象。一般校方人员会带你参观教室、图书馆、餐厅、体育馆、宿舍等等。边参观边向你介绍学校的方方面面，比如师生比例、国际学生比例、图书馆藏书、体育设施、学生毕业后去什么大学、餐厅饭菜如何，还有学校有什么特色的项目。

比如我在康州任教时，无数次听到学生向来参观的人介绍我们学校跟世界上十几个国家建立了校际合作，如法国、阿根廷、中国等等。在校方介绍学校时，要表现出感兴趣，也可以有针对性地问一些问题。我建议在这个过程中学生尽可能自然地多跟校方沟通，当然家长也可以问问题，但最好让孩子多参与其中，不要抢了孩子的风头。而且多跟校方沟通能获得更多的学校信息，对接下来的正式面试也有帮助，所以参观校园时一定要多听，仔细听。

因为我是我们学校唯一会说中文的亚洲人，即便在我做招生办主任之前，一般有中国家庭参观校园，我都会带他们参观。有一次，我带了一个中国家庭参观校园，当时的印象就是父母问很多问题，但是孩子似乎没什么问题。最后正式面试时，孩子的英语也不够好，所以没通过。

参观完校园就会进入正式面试阶段，一般会在录取办公室由 Admission director 或者 Associate Admission director 甚至偶尔也会由校长亲自完成。面试中主要注意过程中的语言因素和非语言因素。我们从非语言因素谈起：首先在美国正式场合打招呼中一定有握手，握手要有力，有力的握手是一种真诚坚定的表现，千万不要软软的，当然也不要像特朗普那样控制欲太强的握手。

见面谈话面试中最好保持适当的微笑，微笑有感染力，舒心的微笑也会让面试官舒服。眼神交流也很重要，在西方国家聊天时不正视对方的眼睛会被认为不可信或者不自信的表现。所以微笑地看着面试官的眼睛聊天，当然也不用目不转睛地盯着别人。坐姿最好不要完全靠在沙发上，身体稍许前倾，表示尊重和兴趣。谈话的过程中不用太紧张，可以适当有些肢体语言。

我为什么要从非语言因素谈起？其实你有没有想过，一个人对另一个人的第一印象往往是在语言之前的衣着、气质、行为（包括握手、微笑、走路的姿态、体型）等就已经开始了。

接下来谈语言因素。跟面试官聊天，一般来说声音要比较响亮清晰，表达意思尽可能准确，逻辑性强。不要有太多的填充词，或者不自信的表达，也不要有太多的自嘲或不自信的自嗨。

另外建议语速不要太快，尤其对于年纪大的面试官。有些学生为了表示自己的英语流利度，故意说得特别快，但毕竟他的发音不是太好，这样说得快会导致面试官听着很吃力，如果老是让你重复你说的话，那么面试的效果肯定不好。所以除非对于极个别英语特别突出的学生，我建议不要说话太快。对问题的回答不能太短，也不能太长。

比如问你喜欢什么书，即使面试官没有问你为什么，在你回答的时候最好

参观美国著名高中 Loomis

也自带个对为什么的回答，展示你的主动积极以及对问题理解的全面。但太长了也不适合，因为面试的时间是有限的，如果你滔滔不绝地回答一个问题，有可能会限制面试官对你其他方面的了解。

总而言之，在面试的过程中，你要尽可能地向面试官展示你的积极向上，充满激情和正能量，并且愿意与他人分享人生（语音语调学会 MATCH 面试官）。面试中的技巧我不想谈太多，谈太多反而成了负担，因为就面试而言，主要的功夫是面试前的准备，只要功夫下到了，面试稍微注重点技巧，那么成功的面试就是一件水到渠成的事情了。

正式面试中学生的态度也非常重要。我面试过一个加拿大的男孩子，他非常想来我们学校读书，可是说要申请助学金，因为他爸爸养了 11 个孩子，尽管我们不会优先考虑这个孩子，因为他来自法语区，英语也不是太好，但是这个学生非常积极热情，表示愿意从方方面面为学校作出贡献。当我们问起"How do you like our rink？""你觉得我们的冰球场怎么样"，他回到到"I like it very much！"于是我善意地调侃他一句"really？"因为其实当时冰球场很乱，我们一般到 11 月的第一个星期才重新打扫整理起来。孩子积极正面的回答说明了他在乎和希望加入的态度。至少我们当时并没有一口回绝这位并不太符合录取标准的加拿大学生，而是把他放在 waiting list 上面。

我们学校目前来自亚洲的学生主要是中、日、韩一线城市的孩子，英语普遍较好。有一次，我面试了一位来自中国河北省的学生，他的英语流利度可以说是在录取和不录取的边缘，但是孩子在面试中透露出的真诚、坚毅的眼神和保证能够不遗余力地学习英语赶上去的态度说服了我，我也说服了其他招生办的同事和国际学生办公室负责人，为孩子发放了录取通知书。日后孩子在校园的积极表现证明了我的决定是对的。所以申请美国高中的孩子和家长一定要明白，除了孩子的自身优势以外，申请人的态度也是非常重要的。因为态度好的申请人到了学校会努力，会热爱学校，而且毕业后取得成就后会更有感恩的心。我 12 年前在波士顿大学校友办公室工作的经验也告诉我，态度好的校友更会怀有感恩的心，也更容易为母校做贡献，所以于情于理，态度好对于申请美国学校会有帮助，甚至扭转乾坤，可谓态度决定一切！

一般来说，在学生面试完后我们校方会安排一个老师跟家长的面谈。一方面是对学生面试情况的一个反馈，另一方面从家长的角度来更加全面地了解孩子的情况。我们会对孩子在家庭、社区、各种课外活动的中的表现听听家长的看法，也希望从这个环节了解到孩子的价值观和人生观。如果对孩子特别感兴趣，我们会更详细地介绍学校情况，以及问孩子在学校生活上有什么特殊要求，甚至聊到学杂费和签证办理或I-20等具体事项。当然这个环节家长也可以向招生官了解更多学校的管理、课程设置以及学校生活等具体情况。

因为我是招生办唯一的亚洲人，所以一般中国区的孩子和家长由我主持面试。面试了很多家长，大多家长都非常希望孩子被录取，这种心情可以理解，但有的家长有时候会说得太多，以至于向我们透露太多不必要的信息。

私校校长跟家长面谈

有一次我和校长共同面试了 3 个家庭的 5 个孩子，最终我们只录取了其中一名孩子，其实当时校长和我特别喜欢另一个未被录取的孩子，因为她聪明可爱。可是在聊起这个孩子会有来这个学校读书的可能性的时候，校长看到了孩子母亲脸上的不舍和几乎湿润的眼眶，后来又通过跟带领参观学校的人访谈后，很不舍得地拒绝了这个孩子的申请，理由是虽然我们非常喜欢这个孩子，但综合看来，她的成熟度和独立性以及对母亲的依赖还不适合当前离开自己的国家来读书。由此小事，你也可以看出美高的面试录取是多么的人性化。

除了校园面试，还有一种比较常见的面试是远程面试。对于国际学生而言，很多人会选择远程面试，一般学校会用 Skype 或者 Zoom 等对学生进行面试，好处不言而喻，节省家庭的时间和精力，但远程面试的缺点就是彼此了解不够全面。至于远程面试的技巧和方法，大体和校园面试差不多。除此以外要注意的是一定要调整好电脑、麦克风、耳机设备以及音量等。如同校园面试一样，绝对不可以迟到。有一次面试了一位深圳的学生，她没有特殊理由却整整迟到了 10 分钟，我们招生办主任工作非常繁忙，一环扣一环，所以直接取消当天的面试。想申请美高的孩子和家长一定要注意不要因为这些不必要的小错误而错失机会。

另外，因为远程面试无法接触到真人，所以在语言方面的因素会显得更加重要，但以上谈到的微笑、眼神交流以及手势语等一样有效，所以技巧方面基本上跟校园面试是一致的。

06 感谢信
面试以后

　　面试结束后要及时地给校方写封感谢信，这是一种礼节，不管你当天面试的效果好不好，校方能拿出半个小时或者更长时间来给你面试的话，从礼貌的角度都要写封感谢信。还有就是对于自己心仪的学校要注意保持跟校方适度的联系，你也不能一天一封地写邮件烦校方，但也更不可以让校方觉得你杳无音讯。

　　面试结尾时，大多数人都知道口头感谢面试官，但在美国文化里，书面感谢信也是非常重要的。所以，大家记得一定要在面试后给面试官发一封感谢邮件。这个邮件不用太长，大概感谢一下面试官并且表明自己通过和他的面谈对学校更加向往之类即可。

　　孩子如果能够做到以上所有我跟大家分享的，相信他的面试一定会取得成功，不久的将来，学校的录取通知书就会悄然而至。

作者跟 CCA 校长现场讨论申请人的文书

附录

01 美高招生办主任语录

　　由于工作的原因，我有机会跟上百位美国著名高中的招生办主任和校长深度交流过，现选出七所学校的招生办主任或者校长的一些令人深思的语言，作为美高讲座开篇之前为家长准备的一份小礼品。（之所以选这七所学校，因为这些学校有顶尖的，有很好的，也有普通的，有寄宿学校，也有走读学校，有都市圈内的学校，也有田园乡村的学校。）

　　我们根本不跟别的学校比，我们只跟自己竞争。

—— Horace Mann School 招生办副主任

　　想申请奖学金？那要看你的才华和能力可以为学校带来什么。

—— Vermont Academy 招生办主任

　　如果只是为了Exeter的名气而申请Exeter，那基本上你就没有什么希望了。

——Phillips Exeter Academy 招生办主任

　　对，我们的确需要成绩好的学生，但是我们更看重这个学生是不是懂得生活。

——Hotchkiss School 招生办主任

　　我想录取这个孩子，但是看到她跟母亲之间的那种过度的依恋，我认为再等两年比较合适。

—— Christian Central Academy 校长

我们不一定培养孩子去最顶尖的大学，但是我们一定培养孩子去最适合他的大学。

——Dublin School 校长

特别优秀的学生来到我们学校，我们自然会重点培养，申请到著名大学的奖学金也是可以做到的。

—— New York Military Aacdemy 校长

02 献给4月23日世界读书日

世界的读者和内心的读者：

　　中国人有句古语"行万里路，读万卷书"。当下国人经济条件好起来了，人们开始世界各地的旅行度假，我也经常在世界各地旅行，常常看到国人到了一个景点就是不停地拍照，不光拍风景，还要摆出各种姿势跟风景合影。热爱旅游、热爱拍照这是一件好事，可是在旅行的途中跟一些旅游者交流，发现他们很多时候却不知道跟他合影的建筑或者景点是什么，更谈不上了解其历史意义和社会价值了。最重要的是很多国人身边的孩子也会耳濡目染这种情况而去效仿之。

　　说到这些，并不是我本人一直做得就很好，20年前的我也是在旅游中不求甚解的一员。但有一天，看着电脑中世界各国的华丽照片，突然感觉到美丽浮华背景下的自己似乎只是一个天涯过客，特别苍白。所以从1998年开始我无论去什么国家旅游度假，一定要做大量的阅读，是人文历史地理方面的阅读，不是攻略。从那以后，我每次旅游时书中的内容跟眼前的风景叠加，丰富了我的思想，充盈了我的灵魂。从某种意义上旅游的爱好促使我爱上阅读，也深刻地感受到了阅读对于一个人成长的重要意义，我相信，对于孩子其意义更加深远。

　　我在美国读研究生以及日后任教的十几年中，深深地感受到了美国学校教育对于学生阅读的重视。在中国我们学生都是忙于各种做题和竞赛，到了美国读研究生以后发现其阅读任务非常重，从不熬夜的我有时会因为要为第二天的上课准备读到凌晨一点。而在哈佛大学，有时在校园的路上都会碰到我的学生拿着书在读。后来在私立高中任教期间，每年放假前的颁奖大会上，学校都会颁发几种读书奖。平时，尤其英文课和历史课学生都要求做大量的阅读。学生在放假期间也有读书任务，由阅读委员会商定好书单，然后发给全校学生。所以我跟中美学生接触中发现中国学生擅长做题，尤其是数学要比美国学生普遍快很多。可是言谈举止中所透出的知识量的丰富程度，一般来说美国学生会更有优势。

我在美国和西欧国家地铁上，几乎每次都会看到人们手持书或者报纸在静静地阅读。乘客有时为了不影响到周围的人们，会把报纸折成小块，而在中国的地铁上我很少会看人们在阅读。我在美国生活了十七年，回国几个月对于这种差异感触很深。我希望能看到中国的学生们可以静下心来，好好地读一些好书，跟世界上一些伟大的灵魂多交流，至少跟自己的内心多交流。如果一个人腰缠万贯，锦衣玉食，思想却很空洞，我认为无异于行尸走肉。

看过一幅油画，是关于某个第三世界国家靠卖身为生的女人们，那种眼神中透露出的空洞感有时不禁让我身为一个教育工作者，心底产生了忧国忧民的情怀。西方的媒体虽然经常胡说八道，但曾经有一个比喻很有深意：它们把印度比作古老的慢车，把中国比作高速火车，对于印度的担忧就是慢车太慢，而对于中国的担忧是高速行驶的过程中要注意安全。这个安全除了指代空气污染、社会风气以及人与人之间的信任危机等表面现象，我认为最深层次的是人们是否在直面自己的灵魂，是否在享受精神生活。

无论是对这个世界的横向分析和观察，还是自我内心的解剖和纵向比较，在这纷繁复杂的社会上生存的人们，是改变的时候了，是重拾阅读习惯的时候了。中国的传统文化的精髓，包括"读万卷书"这些习惯也在西方国家发扬光大。

那么西方国家是如何发扬光大我们的阅读传统的呢？我们以美国为例谈一谈。我们主要谈谈绘本阅读和分级阅读。

科学研究表明，人一生中大脑生长最迅速的时期是 0-6 岁，是口语发展、数字概念掌握的关键期，是行为性格的奠基期，最富有可塑性，也是学习阅读的最佳时期。而这个时期，就必须依照孩子的心理和生理发展特点，以绘本为载体，推动阅读活动。

什么是绘本呢？其实在我年幼的时候，还没有听说过这个词，我们那时叫"图画书"或者"小儿书"，其实这两个词都是源于英文的"Picture book"，而日本对于"Picture book"的汉字书写是"绘本"。广义地讲，绘本就是有图画的书。狭义的讲绘本是用一组图画来叙述故事，依靠翻页来推进剧情，即使不识字的人，也能通过图画猜出其大意，所以绘本图文的设计很有讲究。《花婆婆》的作者 Barbara 就把绘本的图画比作一粒粒珍珠，而文字则是穿起珍珠的线。长期阅读绘本能潜移默化地激发儿童的阅读兴趣，对儿童的语言能力、逻辑思维能力和审美能力以及创造力都会有提升。绘本于 17 世纪源起欧洲，20 世纪 30 年代传入美国，50 年代风靡日本，60 年代在中国台湾引起关注，近些年大陆也开始如火如荼地推进绘本。

家长如何选购到好的绘本呢？我跟家长、教育学家做过大量的研究和调查。主要有以下五个标准。首先是视觉形象。这本书是不是有着鲜明的图像，能够一下子吸引到孩子。我几个月前跟上海的很多家长做过调查，低龄的孩子会被美国 Hightlight 公司接近生活的具象的、形象的图书吸引，而学龄后的孩子才会更容易接受爱乐奇的新鲜的相对抽象的形象。所以视觉形象要考虑到年龄层次来设计有的给读者带来新体验，有的反映读者既有的体验。整本书的绘画风格是不是前后一致。第二是绘本结构框架。绘本的尺寸、封面封底、蝴蝶页、书名页以及书脊、书沟和书腰的设计是否得当，还有格式、字体、字形和间距等方面的把握。第三是图文整合，图画是否有助于文字的表达，或者只是装饰作用。图画是否能逻辑清晰地传达故事的意思。第四，细心的家长最好对书的内容也把把关，因为我就曾看到过美国著名的阅读公司推出的儿童绘本图书中有向孩子传达不诚实带来的好处的小故事。最后一个标准就是尽量购买知名出版社的以及荣获世界大奖的绘本，比如著名的"*Hans Christian Andersen Award*"。

我自从年初研究绘本以来，考察了上海很多绘本馆，最大的收获是见识到了五花八门的绘本种类。我把它分为三类，从内容来分：家庭、友情、科普、品德等；从功能来分：洗澡书、枕头书、玩具书、识字图卡等；从材质来分：有纸本、布、木头、塑料、泡棉和电子等。比如洗澡书可以遇水变颜色，拉链书可以设计在动物的肚子里，枕头书打开套子，里面有塞了棉花的软软的书页。还有可以吸在厨房或者洗手间墙壁上的吸盘书，以及各种各样的一打开如同音乐剧舞台那样的立体书。总之，绘本的最大特色是以生动多样的形式，并且用设计适当的图文形式激发孩子兴趣，提升孩子的学习力取胜。

曾经在波士顿大学认知语言学中了解到胎儿在母体内，大脑的神经元就开始迅速滋生。出生后，与外界环境的刺激更加丰富，神经元不断连接，连接的部位形成突触，经常使用的突触会保留下来，得不到反复刺激的突触会渐渐消失。大脑学习过程就是建立神经元突触的过程。而阅读对于建立神经元的突触很有帮助，所以幼儿从小养成阅读习惯，就能增大"神经元连接的密度"，孩子也会变得越聪明。除了聪明以外，绘本的阅读也会增加孩子的知识量。此外，绘本的图像会使孩子阅读时左脑、右脑内的 Temporal lobe 同时活跃，增进记忆，尤其对于抽象思维还不够发达的低幼儿。

回想起我的童年，虽然也是应试教育，但毕竟还有很多无忧无虑的日子。现在中国孩子的数学计算能力可以说是天下无敌，但是创造力和想象力却令人担忧。而早期的绘本阅读对孩子的创造力和想象力的提升肯定大有帮助。

说到绘本阅读就不得不分级阅读。相对于绘本而言，分级读物不够活泼，没有绘本的那种艺术性。因为它的目的不是讲故事，它的故事是为了承载知识，承载高频词汇和句型，避免让家长在给孩子选书的时候陷入超龄书的汪洋大海，所以它更像是教材，或者说是补充教材。分级读物的目的是为阅读教育服务，它的内容编排都是围绕着学习目标展开的，比如它的词汇量是确定好的，有些初级的分级读物还会不断地重复一个句型来加深理解和记忆。分级读物的语言知识点会有重复，但这样学习效率高，而且易于衡量成果，由此可以清晰地知道孩子的阅读水平处于哪个阶段。

英国和美国都是最早开始实行分级阅读的国家，美国的分级阅读实践最早开始于 20 世纪 20 年代，伴随教育学的发展，一些教育学家在科学分析了儿童生理、心理发展特征的基础上，确立了多种分级阅读体系。我国的外语研究者通常把阅读定义为"语言能力构成中的一个方面"，但美国则是把阅读教育作为教育学科下的"一个专业"，可以说，分级读物的出现，就是源于英语国家对于儿童阅读能力培养的重视。在英国，牛津大学花了 20 年的时间做了分级阅读研究，直 1997 年到 2000 年的时候，来自美国国家研究院的一份报告，引发了早期阅读革命，是由哈佛大学的研究所著名的语言学家凯瑟琳·斯诺带领由 18 名著名的学者组成的早期阅读委员会，经过三年的研究系统，整合了很多经验，不单单是他们一家，建立了美国早期阅读系统的理论，特别是儿童阅读的目标体系，他们报告的名字叫《培养成功的阅读者》。美国的克林顿总统对美国的阅读运动起了很大的作用，当时他提出了一个"美国阅读挑战"的运动，是要改善美国的阅读能力下降的系统问题。在 1999 年的时候，美国的政府国家教育报告，目标报告建立一个学习者的国家。后来他卸任以后，布什政府出口号是不让任何一个孩子落在后面，这个阅读优先计划拨款 50 亿美元来做社会调查和改善儿童阅读现状的一些活动。

最近跟 Highlight 公司的 Andy 聊了很多关于分级阅读的事情。英语分级阅读的确非常的科学，它把孩子的年龄，跟美国教育界通用的 Lexile 级别以及美国的年级做了一个关联。举个例子，中国初中一年级孩子的英语阅读是 Lexile200L 到 400L，相当于美国小学一年级孩子的英语阅读水平。而中国研究生二年级的英语阅读是 Lexile1100L 到 1300L，相当于美国高中十一或十二年级的英语阅读水平。Andy 聊到他们的分级阅读不仅按照阅读水平分类，还按照内容主题来分类，可以满足不同兴趣爱好的学生。比如有家庭类、运动类、科学类、故事类等。

说到故事类，我跟美国的教育学家聊到中美的差异，发现中国的孩子阅读中 fiction 的偏多，而美国孩子 non-fiction 的偏多，在这方面，我更倾向于美国孩子的做法，因为我认为孩子应该早些接触这个现实的世界，而不是沉醉在虚幻的世界中。

美国著名大数据在线教育软件公司 Renaissance 公布了年度大数据报告：学龄前孩子最喜欢的书籍还是 *Biscuit* 系列，可以说这套系列书是学龄前孩子的必读精品。*Biscuit* 系列语言简单，画面清新，适合低龄儿童（0 ～ 4 岁）做亲子共读绘本，5 ～ 7 岁的孩子可以自主阅读，喜欢动物的小朋友一定不要错过哦。还有一套丛书也非常热门，那就是 Dr.Seuss 的系列丛书，苏斯博士的作品充满天马行空的想象，绘图风格恣意奔放，且极具教育意识，行文非常具有韵律，读起来朗朗上口。我在上海书城就看到 Dr.Seuss 的书卖得很好。

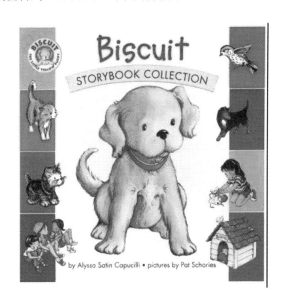

在一年级 TOP20 榜单中，*Green Eggs and Ham*，*Hi！Fly Guy* 以及 *Biscuit* 在受欢迎程度上高居前三位，很适合正在逐步提升自主阅读能力的小朋友们。二年级的榜单中在 *Dr. Seuss* 仍然占绝对优势的情况下，出现了一个新的系列——比如 *If you give a mouse a cookie* 和 *If you give a pig a pancake*。这套书的一个特点是想象力丰富，充满趣味，很适合作为培养孩子独立阅读能力的书籍。从每张表的表头数据来看，学龄前儿童的自主阅读率在 32% 左右，而进入一年级，自主阅读率达到了 72%。也就是说，虽然书目变化不大，但是，孩子阅读的独立性高了。在美国小学会有一些叫作"Accelerated Reader"的阅读项目培养孩子的阅读习惯。一、二年级的孩子对图书的趣味性要求很高，孩子刚刚进入学校也很依赖父母帮助养成好的阅读习惯，一旦好的习惯养成，以后就容易多了。

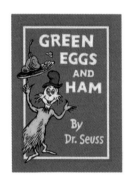  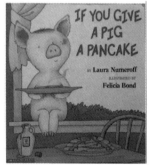

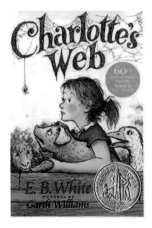
三年级的学生的书单中，*Charlotte's Web*（夏洛的网）高居榜首，该书也是傲居"美国最伟大的十部儿童文学名著"之首的童话故事，该书作者是 E.B. 怀特，美国当代著名散文家、评论家，以散文闻名于世，他为孩子们写了三本书：《夏洛的网》《精灵鼠小弟》《吹小号的天鹅》，都成为经典传世之作。《夏洛的网》讲述的是在朱克曼家的谷仓里，快乐地生活着一群动物，其中小猪威尔

伯和蜘蛛夏洛建立了最真挚的友谊。然而，一个最丑恶的消息打破了谷仓的平静：威尔伯未来的命运竟是成为熏肉火腿。作为一只小猪，悲痛绝望的威尔伯似乎只能接受任人宰割的命运了，然而，看似渺小的夏洛却说："我救你。"于是，夏洛用自己的丝在猪栏上织出了被人类视为奇迹的网上文字，彻底扭转了威尔伯的命运，终于让它在集市的大赛中赢得特别奖，和一个安享天命的未来。

三年级上榜的书单中，*Diary of a Wimpy Kid*（小屁孩日记）上榜率非常高。该系列的 AR 级别难度在 5.2 ~ 5.8，相当于美国学生五年级的阅读水平。四年级和五年级，前十名几乎都是 *Diary of a Wimpy Kid* 系列，由此看来，四、五年级的孩子们太喜欢《小屁孩日记》了，这是一本全球狂销 2 亿册、被翻译成 49 种语言在 53 个国家和地区出版的现象级畅销书。笔者对于《小屁孩日记》如此压倒性的胜利也颇有好奇，看了一小段据《小屁孩日记》改编的电影，作为一个成年人也不禁被它吸引住了。小屁孩特别强调这是一本 Journal，而不是一本日记，因为小屁孩已经开始展现出来青春期的叛逆，他想表现得与众不同。所以，它的确不是一般的日记，是一本另类日记，入木三分地刻画出一个顽皮、天真、无辜、无奈，还带一点点叛逆的青春期男孩的样子。我强烈推荐中国的小学生读一读《小屁孩日记》，希望中国的孩子明白天真烂漫的小学生活除了考试、做题，还有很多有意义的事情可以去做。

在美国，六年级至八年级，是孩子的生理和心理迅速成长的时期，美国的中学教师都明白这个年级的孩子，尤其八年级的孩子是最难教的，孩子们这个时期逐渐表现出强烈的独立意识、自主意识、平等意识和反叛意识，当然这也是形成强烈的阅读偏好的关键时期。六年级，*Diary of a Wimpy Kid*（小屁孩日记）系列排名略有下降，*Hatchet*、*The Lightning Thief*、*Number the*

Stars、*Wonder*……脱颖而出。

　　到了七年级，*The Giver* 排名第一，中文翻译为赐予者，这本书写了一个乌托邦社会以及人们对它的反思，在这个社会里人们生活得很和睦，家庭美满，人人都工作，人口方面，每年会有 50 名小孩出生，前几年由"培养者"培养，如果达到标准，就加入正式家庭，否则就会被"释放"。教育方面小孩从小就受到非常严格的教育，不允许"不精确的言语"。法制方面，如果有错误，而且认错态度不对，就会被"释放"。职业方面也由乌托邦社会统一安排，家庭方面，男方或者女方都可以向组织申请婚姻，组织会根据申请方的性格特点科学搭配。养老方面，社区为老年人提供了科学设计的养老院。但是这种制度牺牲了太多人性化的东西，被统治阶级甚至是无知的，他们对很多事情是不知道的。他们没有爱和感情，当然也没有痛苦，因为全是组织安排；他们看不到颜色，因为所有的人都是灰度视力，这样，人们不会纠结穿什么颜色的衣服；这个社会永远是晴天，为了交通便利。人们都规规矩矩地运作着，在机器做得越来越像人的社会，人也变得越来越像机器。但统治阶级需要有人承担往日的记忆，于是就创造了赐予者，或者说记忆的接收者。Jonas 被选为赐予者以后，他开始看到了蓝天白云，体会到了纯真的爱情，回忆起五彩斑斓的生活。通过回忆，他重新审视这个"精确和谐的社会"，却无法改变，同时他也意识到很多阴暗面，比如"释放"就是死刑等等。最终 Jonas 逃离了那个乌托邦的小村庄。这个世界上有许多国家如同被捆绑的巨人，人们在追求所谓"精确性"和"统一性"的同时也在压抑着人性，而更可悲的是被压抑、被捆绑的人群他们本身却并不自知。

到了八年级，*The Giver* 排名第二，*The Outsider* 排到了第一。此书指写帮派斗争和帮派成员的心理成长历程。小说中写了两个对立的黑帮——The Greaser 和 The Socs 的故事。The Outsider 是指无论如何努力也无法取胜的人。小说中 The outsider 明指 The Greaser，但是却暗示这两个黑帮都是 The Outsiders，因为无论他们如何有侠气，如何从烈火燃烧的教堂中救出儿童，他们仍然无法获得

社会丝毫的同情与尊重。*The Giver* 和 *The Outsider* 深受美国七、八年级的孩子喜爱，其内容所反映的对约束的叛逆、自我的意识跟这个年龄的孩子非常同步！

到了高中孩子的自我意识进一步增强，迫切想从父母的牢笼中挣脱出来。他们热情，容易冲动和波动。但不同于八年级的孩子，他们更加内敛，不会轻易向成年人袒露心迹，但同时更渴望被人理解。这种特点使高中的孩子内心更加的丰富多彩。

在九年级的孩子里，*To Kill a Mockingbird*《杀死一只知更鸟》高居榜首。奥巴马给自己的女儿公开送过两本书，其中一本就是这个。这本书深刻地反映了美国北方和深南地区的矛盾，以及深南地区人们遭受挫败后对往日辉煌的追忆。我有一位非常受尊重的忘年交，美国的一位著名科学家任博士，他什么都好，就是对于美国南方过度地甚至超出现实地偏爱，不过这也解释了书中所表达的美国南方人的 DNA。我们常常赞美高贵，其实是为歧视穿上了一层华丽的外衣。当斯库特质疑亚历山德拉姑姑，"假如沃尔特是好人的话，为什么不能邀请他到家里玩？"回答她的是让我这么一位局外的成年人听起来都毛骨悚然的"因—为—他—是—垃—圾"。相比较而言，小斯库特小姐才是

真正的优雅，她引用父亲阿蒂克斯的话"你可以选择你的朋友，但无法选择你的家庭。所以不管你是否承认他们都是你的亲戚，而且不承认会显得非常愚蠢"。一个让人忍俊不禁的小姑娘常常比成年人更能看到生活的本质，他们去除了社会华丽的外衣，他们简化了生活的规则，他们眼中的世界才是最真实的。因为小姑娘生活的背景更加的单一，少了很多世俗的有色眼镜，所以她反而能够最真实地看清生命的本源。

十年级，*To Kill a Mockingbird*《杀死一只知更鸟》滑到第二名，排在榜首的是作者 Elie Wiesel 的 *Night*，这本书以"二战"集中营为背景，探讨什么是自由，什么又是死亡？当在生存的边缘挣扎时，人们会遭遇怎样的变故，又会有怎样的生活经历呢？让人们在关键时刻，那超越死亡的珍贵的高尚品德，显得更加弥足珍贵。

到了十一年级，排在榜首的是 Arthur Miller 针砭时弊的经典作品 *The Crucible*。十二年级，排在榜首的是莎士比亚的经典作品 *Macbeth*《麦克白》。十一年级排在第二名的以及十二年级排在前十名的是被誉为 20 世纪最伟大的英文小说之一的 *The great gatsby*，它讲述了曾经的美国是一个梦想的国度，从世界各地先后抵达北美的移民对这一片神奇的土地充满了幻想，希望在这里抓住机遇以实现伟大的理想。历史上也不乏这样的个例。然而美国的贫富差距拉大，逐渐固化的社会结构会增加个体奋斗的成功难度。因为马太效应，一个人的权

和钱累积到了一定程度，便会利用手中的资源优势去维护和获取更多的资源，然后把自己所在的阶层筑上高墙，墙外的人除了靠关系和特权外一般不容易进入。而盖茨比想打破高墙，他从小就在各方面严格要求自己，刻苦学习、锻炼，注意节俭……这些都是传统的"美国梦"奋斗模式的要求，充分显示了一个青年健康向上的人生观。然而，成年后的盖茨比却背叛了年少时的自己，为了财富和地位，为了重新赢得黛西的爱，可是最终无论他多么富有，都很难打破高墙。因为在美国有"old money"和"new money"的区分，"new money"翻成中文就是暴发户，在美国人看来缺少根基的暴发户是很难被美国的上流社会所认可的。Gatsby 的故事让我想到我们的祖国，物质渐渐丰富起来的祖国，如果能在国际上获得更广泛的认可，就要在精神上来提升自己，而阅读就是一件实现这一目标的伟大的工具。

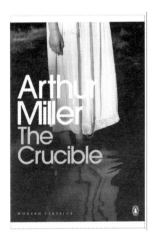

03 Phillips Exeter Academy 采访实录

采访人：Richard Feng
纽约环球首席顾问，招生办
主任

被采访人：Kevin 23
岁，男性，现在南卡罗来纳
州的Clemson University读化
学工程，读的是该校的Coop
Program，已经获得在圣地亚
哥的一家公司做化学工程师的实习。毕业于Phillips Exeter Academy。

时间：2018 年 3 月 8 日，星期四

地点：上海

Richard：能不能先简要地介绍一下自己？

Kevin：当然，当然。我觉得我自己的故事比较有意思，也比较独特。80%
的学生住校，而我是走读，因为我就住在 New Hampshire，我们学校 20 分
钟以外的叫作 North Hampton 的地方，我哥哥几年前也是去的 Exeter。

Richard：你目前主要在做什么？

Kevin：我现在在南卡罗来纳州，我在 Clemson University 的 Co-op
Program 读第五年级，这是一个工程类的 Co-Op Program，我的专业是化

学工程。我已经读完书了，五月份毕业后就会去圣地亚哥做有关催化剂方面的工作。

Richard：非常好，我可以开始了解一些你在 Exeter 的经历吗？比如班级师生比什么的？

Kevin：师生比是我们学校学生引以为豪的地方，我们大约是 1：8 的师生比，最大的班级不会超过 12 人。说到师生比，我在想教室里我们称作椭圆形桌子的东西，因为那个桌子，学校给出了一个什么独特的教学策略，也就是每个人都围坐椭圆形的桌子然后大家一起讨论什么的。

Richard：你是在说 Harkness Table 教学法吧。

Kevin：哦，对！Harkness Table，对的。

Richard：既然你提到了，那么仔细讲讲吧。

Kevin：我认为 Harkness Table 太妙了，坦率地说，我觉得更多的学校都应该使用它。学校用这种教学法，每个人都互相看着对方，学生必须专心致志，因为你没法偷懒，也不好去玩手机，否则你会显得很粗鲁。教学不再是填鸭式，主要是讨论，我认为这些方法会让学生更感兴趣。我记得当时这种方法尤其对数学课特别有帮助。老师不再是教我们怎么做题，我们坐在一起研究分析怎么做功课。第二天上课之前，学生就在黑板上写下是如何解决问题的，得到老师的认可以后，不是老师来教学生做题，而是你到台上教同学你是怎样解决问题的。其实有很多理论是支持这种教学法的，比如"教学是最好的学习方式"，因为当你实际上不得不教别人什么东西的时候，你教的这些东西必须已经根植在你的大脑。（TEACHING BY LEARNING AND TEACHING BY DOING，我以前在美国教授 SAT 数学时，一定要让学生拿笔）。我不喜欢英语课，但是这种环境和教学法迫使我必须参与其中并且集中精力，回想起来，我相信这应该是件好事情。当然，对于机构学校而言，尤其是小的班级，Harkness Table 成本比较高，也许是唯一的缺点，但是我认为这的确是一种很好的学习体验。

Richard：完全同意，我在美国任教的学校也用 Harkness Table，每个学生坐的位子上还有一个类似电脑桌可以伸出并收起的小平板，我也非常喜欢这种教学法。接下来，能不能谈谈校园文化？

Kevin：我主要谈一谈学生文化吧。一般来说，人们会误以为像 Exeter 这样的学校，学生来自上流社会，优越感太强，所以可能不太容易相处。但实际上 Exeter 的学生背景非常多样，有些学生来自非常贫困的社区，而有些来自真正富有的地区，种族、人种也很多元化。人们或许也会以为私立住宿学校学生彼此之间差异很大，彼此生活背景不太相通，而影响沟通。而实际上，我特别喜欢这种情况，因为每个人都有自己独特的故事。我第一次跟来自特别富有地区的人打交道，我学会了其实抛开外在的形式不谈，人们本质上是一样的。

Richard：可是贫困地区的学生怎么负担起高昂的学费呢？

Kevin：学校有各种各样很棒的奖学金可以提供给贫困线以下的学生。当然这种奖学金不是纯粹 need-based，而是给足够优异的学生准备的，也就是 merit-based。当然申请奖学金学生的态度和积极性也很重要。

Richard：那么 Exeter 学生毕业后应该是 100% 上大学了吧？

Kevin：其实也不是，我自己认识两个学生毕业后没上大学，其中一个学生对农业感兴趣，直接去做了农民。

Richard：应该不是他们没法去上大学，而是他们选择不去，对不对？

Kevin：不过有一个例子符合您说的这两种情况，我有一个很好的朋友，他是一个天才的程序员，他毕业后就创办了自己的公司，另一方面，他也没钱去上大学。当然，Exeter 没有一个学生会不被大学录取的。

Richard：Exeter 的确很棒，那你能不能谈谈如何成功地申请 Exeter，尤其是对于国际学生呢？

Kevin：当然，首先分数并不会像你想象的那样重要，学生的态度特别重要。学校希望学生能为学校带来新鲜血液，并且这些学生能够用在 Exeter 学到的技能获得成功，而不是把学来的技能用在不好的方面。以我的面试为例，我当时就谈到我的哥哥，比如学校是怎样把我哥哥培养得更优秀的，我也想成为像我哥哥那样的人。此外，我向 Exeter 表达清楚我自己的愿景和 Exeter 的使命是相一致的，而且我为 Exeter 带来一些他们没有的东西。我喜欢表演，也参加过一些演出，而且我对吉他特别感兴趣，我在我的申请材料中就提到这一点。当时他们安排一位音乐老师给我面试，整个面试就是聊我们最喜欢的音乐以及学校和音乐有关的生活，全过程非常轻松。他们想知道你的态度，因为你只是成绩好，并不一定说明你聪明，成绩好只是表明你经常练习，而且你为考试取得好成绩准备了一个很繁忙的学习时间表。自我驱动很重要，我认为好成绩的最大意义是因为它反映了你的自我驱动性。当然家里如果有校友关系，被录取的机会也会增大。还有一点很重要，就是我爸爸请他的朋友给我准备了一个模拟面试，我西装革履地去他家面试，整个过程像真的一样，我认为这个模拟面试对我的帮助很大。

Richard：很有见地，请你谈一谈学校的教师吧。

Kevin：老师也非常多元化。我记得有一个老师他极其严格，他曾经是中国最好的一个什么数学联盟的领导，在中国的数学竞赛中取得过第一名，他也是国际数学奥林匹克美国队的教练。

Richard：他出生在中国，对不对？

Kevin：对，他是在上海长大的。坦率地说，他是一个很好的老师，可是有时候他非常糟糕，比如有一次他给全班同学打了旷课（Mentally absent），只是因为同学没有集中注意力去参与课堂活动。而一位来自波兰的数学老师是我遇到的最好的教师，他每天都面带微笑，有一次朋友寄给他一袋子葡萄柚，如果你回答问题对了，他会送给学生作为礼物，他对葡萄柚的热情感染了我们，感染了我们对数学的热爱。大多数老师都比较有幽默感，而且跟学生关系都很好。

Richard：学校在学术上哪些方面特别优异？

Kevin：学校在时事教育方面做得非常好，我们经常会请来一些专家名流跟我们聊当今世界上的各种事情，他们知识都非常渊博，对世界的认识有着自己独特的视角。对于传统学科而言，我认为我们学校学术综合都很强，全面发展应该是我们的特色。艺术系、英语系等都非常棒，我很难说哪一个比另外一个更好。科学系中，生物、化学和物理都很强。科学楼的建筑和设施非常好，也比较新，学校的中庭有一副鲸鱼的骨架。

Richard：在建筑设施方面，什么比较有特色，比如学校的地标什么的？

Kevin：科学楼，哦，不对，我收回。我相信应该是图书馆，它是世界上最大的大学预科学校（高中）图书馆。建筑式样非常有趣，看起来几乎像个巨大的魔方。里边有个巨大的中庭，从里边你可以看到每一层楼。我们学校也被称为哈佛预备高中，因为很大比例的学生去哈佛读书，大概比任何其他学校都高。

Richard：学校的 AP 课程设置怎样？

Kevin：我认为我们学校 AP 课程非常好，我修的是 AP 化学，我非常喜爱，我总是痴迷于化学，这就是为什么我在从事化学工程的工作。我们的实验室特别棒，非常注重细节。

Richard：教师的教学风格呢？

Kevin：因为我们是讨论式教学，所以没有讲座，教师几乎没有一次连续讲话超过 15 秒。老师跟学生是平等的，彼此相互尊重。住宿老师会非常关心学生，了解学生的感受。

Richard：学校对服装有什么要求？是不是要打领带？学院式风格？

Kevin：我个人从不在乎学院式风格（Preppy Style），因为我来自一个奇怪的社区，我们少数走读学生几乎没有人来自特别有钱的家庭，我们不会感觉我们是富二代（Trust fund babies）。所以我们会穿牛仔裤，衬衫束在裤子里，领带系得比较松，一下课我就立刻打开领带。

Richard：这是不是就是你的风格还是一种普遍现象？

Kevin：大多数学生还是喜欢时尚、学院风格的，我可能是个特例。

Richard：学校国际学生的比例是多少？

Kevin：大概 10% ~ 15%，亚洲学生较多，国际学生文化主要就是亚洲文化。其中很多来自中国。当然国际学生中也有一些来自欧洲和非洲。

Richard：你觉得对于大学升学咨询老师有帮助吗？

Kevin：当然，很有帮助。他们会教会我们管理时间，管理时间非常重要，比如课间做什么，课堂上做什么，回家做什么，等等。我们高中有条理地管理时间训练得如此好，当我进入大学时，我觉得分配管理时间、准备考试是小菜一碟。

Richard：学校的运动项目如何？

Kevin：我们学校的运动项目很好，如篮球、划船等。我就在划船队和游泳队，网球队也很好。

Richard: 你了解 Phillips Exeter 跟 Phillips Andover 的不同吗？

Kevin: 我还真不太知道。嗯，不过，乔治·布什是以 Phillips 毕业的，所以我还真不知道他们学校能有多好！（幽默）

Richard: 你是说布什是以 Phillips Exeter 毕业的？（幽默）

Kevin: 哦，不！不！是 Andover！

Richard: 有什么著名的人毕业于 Exeter 吗？

Kevin: 林肯的儿子， Dan Brown （达芬奇密码的作者），对了， 还有 Mark Zuckerberg， Daniel Webster。

Richard: 我比较好奇，你认为 Exeter 有没有什么弱项？或者说哪方面可以做得更好？

Kevin: 这个问题我觉得比较难。以前学校有很多活动，学生可以玩得很开心，可是我觉得现在的学生太忙了，以至于没太有时间好好玩。比如我们如果一学期有两次 Pep Rallies 就比较好玩，但即使有，学生也不一定会去，因为太忙了。还有，周末学生也不太有时间玩。一般周六校队去打球，周日在家学习。因为太忙，所以有时候社区的气氛不浓，人们会感到比较分散，难以集中。我想这也许是可以提高的方面，但也不知道如何能够做到。有时候觉得在你的小圈子以外，很难交新的朋友，还是因为太忙。而且住宿学校的学生即使你有驾照也不允许开车。如果你想坐其他朋友的车去哪儿玩，需要学校管理人员的批准。

Richard: 大多数校友是从事什么职业？

Kevin：应该很多样，但很大比例从事银行、高科技行业，还有市场，也有很多学生从事商务工作，其中相当数量的人获得 MBA 学位，很多校友成为公司高管。就我所知，没有太多的人从事学术工作。对了，我认识一个人后来做了老师，他是我哥哥的朋友，他大学毕业后在 Exeter 做教授，当时我还在 Exeter 做学生呢。但我用社交软件看到校友最多的还是从事银行业、市场等。

Richard：如果中国学生在 Exeter 读书，想成功而且生活得很开心，你有什么好的建议吗？

Kevin：想办法多参加一些组织，各种文化俱乐部，找到你喜欢的有激情的东西，比如我喜欢表演。尤其对于国际学生，尽可能找到自己更多的朋友。我记得有一些学生想家，因为他们不能找到和自己相像的人。实际上，我们的确不容易发现跟自己像的人，因为学校实在是太多元化了。

Richard：学校的国际体验怎么样？比如我以前在南康州任教及负责国际项目的时候，我们学校跟世界上很多国家的学校建立了国际友好关系、姐妹学校，Exeter 呢？

Kevin：挺国际化的，比如出国留学会，获得国际经验很容易因为学校有很多相关的项目。我们学校有一个叫作"Island School"的项目，你有机会研究海洋生物，因为你会住在岛上，比如在加勒比海的岛上，你会获得同样的学分。总的说来，在我们学校每个人都不同，但是他们都会对某样东西有热情，这一点是相通的，我相信这就是 Exeter 的一个最大的特色。

04 美高读书为了升入美国一流大学的 必备清单

● 九年级：

a）尽可能多选择学校开设并且你能够胜任的高级课程，让老师在课堂上能够听到你的声音，勇于表达自己的观点，这样老师会更好地了解你。

b）充分了解学校提供的各种课外活动，最好能够找到你会坚持四年的活动。当然先尝试一些新鲜的，然后再换成其他活动也没有问题，但总的说来，最好能够找到适合自己并且能够坚持三到四年的两三项活动，因为大学招生办愿意看到学生对某项事情的执着和持续的热情。

c）制定好时间表，这样自己不至于落后。从高中第一年就要养成好的学习习惯和有效的时间管理模式，这样会为你以后的成功奠定基础。9 年级的学生某种程度上还不够成熟，但是要尽量避免各种没必要的诱惑，学会自律。因为 9 年级的成绩如果不好会会影响你四年整体的 GPA 平均。春假期间，最好买一些 SAT 有关的参考书看起来。

d）夏天最好根据你的兴趣方向，找到两三周甚至一个月的夏校，但也不用整个夏天都在学习，因为学习以外，你也要懂得享受生活。

e）整个夏天，空闲的时间学会阅读、阅读再阅读。报纸、杂志、科普文章、小说等都是你阅读的材料。通过阅读各种题材和体裁的文章，你会在不知不觉中为日后的 SAT 考试阅读部分做好准备，而 SAT 阅读部分恰恰是对于国际学生（包括中国学生）最具挑战的部分。这种广泛并深入的阅读比参加各种培训既节省金钱又节省交通时间。

● **十年级：**

a）// 继续阅读各种小说、杂志和报纸，并且可以接触 SAT 阅读。你对 SAT 阅读越熟悉，日后会考得越好。可以考虑参加 PSAT 考试，作为 SAT 考试的实践。

b）首次参考 ACT，因为 ACT 不像 SAT，你可以选择最高分。考完 ACT，把结果跟 PSAT 作比较，有助于最终定下是以 ACT 还是 SAT 成绩申请大学。

c）回顾一年以来是否喜欢自己选择的课外活动，要不要寻求新的兴趣，如果有必要，今年是可以重新选择新的活动或者改变的时候，因为你仍然有三年的时间可以坚持某一项活动。

d）确保认真完成家庭作业及参与课堂活动，因为在美国平时成绩最终会算入你的 GPA 的，而如果你能够好好做作业并且上课积极参与，你至少可以部分地掌控你的 GPA。如果你某科目成绩不好，及时跟老师沟通，问老师问题出在哪里，怎样提高，而不用跟老师就分数讨价还价。

e）春假时，自我评估你比较强的学科，开始学习一到两门 SAT Subject。

f）在 6 月份，参加两到三门 SAT Subject 考试。

g）夏天，继续阅读各种材料。这个时候要下意识地进一步提高阅读技巧并扩大词汇量，为十一年级的各种考试做好准备。

h）除了阅读，这个夏天可以找一份实习的工作，因为大学招生办希望看到申请人在工作中体现的责任心。很多人希望做一些轻松的工作，比如看看游泳池、做营地顾问等，而你可以适当选择难度高一些的工作。如果你有特别的才能，可以选择展示你才能的工作。比如你有计算机才华，可以选择在计算机公司或者计算机商店里工作。你有一些体育才能，可以选择做教练。

i）夏天为了避免 Junior 的过度繁忙，可以选择参访几所大学，最好在 6 或 7 月份，因为 8 月份参访的学生太多、太拥挤。参加学校的信息介绍会，参观校园并且跟在校生多交流。

● 十一年级：

a）11 年级是考试大年。如果你九到十年级按照我为你的规划去做了，你就不会把所有的考试都堆积到这一年，而且你可能已经会有几个分数选择了。参加 PSAT 考试，因为你是否是 National Merit semi-finalist 或者 National Merit finalist 取决于你的 PSAT 分数，而不是 SAT 分数。

b）十一年级也会是你最繁忙的一年，因为你会选很多 Honor，AP 或者 IB 课程。大学录取委员会也会认为你的十一年级是最关键的一年。这一年你要不遗余力尽可能取得最好的分数。你要追求你自己的兴趣，如果你写一篇论文，最好多做研究，深入挖掘，超出课本的基本要求。这一年你应该给老师留下最深最好的印象。课外活动、体育运动等也是如此。

c）10 月和 12 月考 ACT，并且跟你的 PSAT 分数比较。如果 ACT 分数高，就不用考 SAT 了。并且多考几次 ACT 直到你对自己的分数满意。如果 ACT 分数不如 PSAT 高，可以第一次考 SAT，你以后还有机会提高 SAT。如果考完 SAT，春天可以考一到两门 SAT Subject。

d）最好在夏天访校，这样不会耽误课程。

e）如果你找到合适的夏校，这一年的夏天可以参加夏校。如果实在负担不起夏校，可以继续夏天参与实习和工作。因为你的工作经历也是大学招生办考量的重要因素之一。

　　f）关于访校，我建议 6 月、7 月较好，因为可以避开 8 月的访校高峰，当然也要根据你具体其他安排而定。每次访校时，填写参访清单信息表，这样你就会在校方的邮寄名单上。如果你对某些学校特别感兴趣，提前跟学校的招生办预约校园面试，校园面试也是 6 月、7 月较好，也是因为学校不太忙。校园面试最好在这个夏天，因为如果你等到十二年级的上学期，可能会影响到你的课程，而十二年级上半学期的课程学习相当重要。夏天结束的时候，进一步缩小选校范围，甚至可以锁定要申请的学校，并开始向学校索要申请材料。在十二年级开学前，尽可能对你感兴趣的学校做研究。在学校图书馆或者社区公共图书馆里找大学指导的书籍，上网研究，向正在上大学的朋友多了解。如果你能够有时间确定你的第一选择大学，可以考虑早申请。评估你的考试成绩，如果你 SAT 已经很高了，就不用再考了，如果你觉得还有进步空间，在夏天刚过的时候可以再考一次。评估你的 SAT Subject，如果你觉得还不够好，可以 10 月或者 11 月再考一次，并且立刻送给你要申请的学校。开始准备大学申请文章，不要等到最后。你要写好几个版本，选择你认为最好的。

● 十二年级：

　　a）继续保持好的分数。大学招生办是会看你十二年级的分数的，即使是春季学期的。经过了几年的努力，到最后关头懈怠是不值得的。

　　b）如果你计划 "early-decision" 或者 "early-action"，好好准备你的申请，一定在截止日之前提交申请。早申请或者早行动的截止日通常在 11 月 1 日或者 11 月 15 日。其实对于我帮助的学生，我都会建议最好不要等到最后一天，因为万一最后一天提交的人太多导致网站瘫痪，或者其他技术问题，误了最后一天很可惜，尤其对于竞争激烈的大学而言。

　　c）如果你选择早申请，你甚至可以一直到 2 月份提交 SAT 和 SAT Subject，所以你直到 2 月份都有机会提高分数。

d）确保在 1 月 1 日之前提交常规申请。

即使你只能做到我上述提到的一半的事情，你已经比大多数大学申请人走在前面了。因为很多申请人往往等到最后一分钟，把很多事情都放在最后。如果你计划得好，你会拥有很舒适又丰富的高中体验，而且避免到最后顶着压力再突击考试。如果你有机会很好地访校，并且有明确的选择。早申请或者早行动或许对你是个好的选择。

05 学生、家长以及老师感言

　　我女儿在北方交通大学附中读书，感谢冯主任在北京亲自面试我女儿，虽然我女儿的分数不是最出类拔萃的，但是冯主任被我女儿的艺术作品深深吸引，召开录取委员会会议后录取了我女儿去佛蒙特学院。我很赞同美国私立高中的教育，发掘并鼓励孩子的特长，尊重个性化的教育，这样会更好地培养各具特色的创造性人才。此外，由于我已经申请绿卡，而孩子申请 F1 学生签证，所以因为有移民倾向而非常难签出来，非常感谢冯主任对孩子的签证辅导，并在一次来北京出差时亲自带来校长的支持信，使我的孩子被拒了多次以后，获得了来之不易的美国签证！这也是我女儿还没来美国寄宿高中之时就已经学到的一堂课：坚持不放弃！

　　　　　　　　　　　　　　　　——Ms. Chai，美国佛蒙特学院北京学生家长

　　感谢冯教授亲自带我和女儿去参观包括 Choate 在内的顶级美国寄宿高中，以及帮我女儿最终收到顶级美高、也是十校联盟之一的 Loomis Chaffe 的录取书，冯教授为我们孩子打开了美国顶级高中的一扇窗，充分开发了我女儿的潜力。因为冯教授的推荐和指导，我们孩子不仅被 Loomis Chaffee 录取，而且毕业后顺利进入哥伦比亚大学。

　　冯教授不仅帮助了我的小女儿一路进入美国顶级名校，大女儿并不是冯教授的客户，但是每次我打电话询问如何规划大女儿的申请，冯教授都会非常耐心地从学业、标化成绩、推荐信、文书、课外活动以及实习等方面为我们提出中肯而且切实可行的建议和方法，所以在冯教授的指引下，我大女儿也被芝加哥大学

录取。

冯教授的帮助让我明白一个真正好的顾问不仅具备丰富的专业知识，多年的教育工作积累，而且要有爱心和同理心。这一切会为学生和家长在申请的过程中带来很多附加值。再次感谢冯教授，并且预祝各位同学学业有成！

——Ms. Chen，美国 Loomis Chaffe 中学、哥伦比亚大学学生家长，

定居加拿大的广东人

在一次教育讲座中，我有缘认识了冯教授，我之前也接触过很多中美两国各种大的留学公司及独立顾问，但做了仔细研究后，我了解到冯教授本身担任过两所美高的招生办主任，我也了解到第一代华人在美国著名学校担任招生办主任的可谓凤毛麟角，而且冯教授在美国著名大学和高中工作了 16 年，之前在上海华东师大做过五年的大学教师，是地地道道的学院派资深顾问，所以我最终选择了冯教授。我女儿申请著名美国寄宿高中的过程让我越来越明白我的选择是非常正确的！

首先，冯教授不同于普通的顾问，他完全是根据女儿的兴趣爱好、个性特征以及我们家长的要求来为女儿选择最适合她的学校，我们选择了 6 所著名寄宿高中，最终有 4 所录取了孩子，其中包括纽约石溪学校等待转录取的，还包括美国西部数一数二的名校喷泉谷（FVS），而且在 3 月 10 日之前冯教授就把FVS 录取女儿的内部消息告诉我们，让我们吃了定心丸。

其次，最让我们佩服的是康州一所著名女校在 3 月 10 日给我们发了拒信，但由于之前访校时我给冯教授提过特别喜欢这所学校。冯教授在校方发了拒信后并不放弃，亲自拜访该校招生办主任，竟然改变了校方的决定，一周后最终决定录取了我女儿。

再次，冯教授在陪我们访校，尤其纽约石溪学校时，招生办对我们特别友好的态度和关照可以看出冯教授在美高圈内的影响力和人脉。

冯教授的强大人脉和在美高圈内的影响力，以及真正站在孩子的角度来看问题，和他多年作为美国教育工作者的沉淀让我认为留学美高找冯教授是最佳选择！

——Mr. Ge，浙江宁波的中学生家长

我来自湖北武汉，有缘通过朋友的介绍认识了冯主任。冯主任跟我孩子做了几次深度的头脑风暴，根据我们家庭的经济情况，孩子的学术要求，以及对学校类型的偏好，准确地选择了一所位于耶鲁大学附近的顶级走读学校。从第一次头脑风暴，择校分析，填写表格和文书准备，到冯主任实地考察学校，拜访校长，辅导面试，视频面试并最后拿到录取通知书仅仅用了 15 天，如此高效和准确地帮我孩子进入名校，不是国内一般的顾问所能做到的。随后，冯主任为孩子做了三次签证辅导，分别是问题准备、面签心理准备以及模拟面试，最终在美国签证涨价前顺利拿到了签证。非常感谢冯主任对我们的帮助，也希望各位同学能如同我孩子那样幸运！

——Mr. Fan，湖北武汉的中学生家长

我是个爱玩爱闹爱运动的男孩子，有时候也会有些不听话和叛逆。感谢冯老师根据我的具体情况和要求为我选择了我喜爱的寄宿初中，辅导我的文书以及如何跟招生办主任的面试，并且在两周内拿到了录取书，为我九年级进入顶尖的美国高中奠定基础。同时也非常感谢冯老师对我的签证指导，做出了详尽的 Plan A 和 Plan B，帮助我顺利地拿到了签证并平稳地转换了 I-20。此外，我也感谢我到了学校以后，冯老师通过直接联系校长，共同对我在生活和学习上的各种帮助，比如宿舍的调整，如何优化地选择课程等方面。在此，也预祝各位同学成功申请到美国寄宿初中，学习生活愉快！

——Xiaoxiao，江苏徐州公立学校的一名初中生

感谢冯老师对我在留学美国著名寄宿高中的各种帮助，尤其是入学面试方面的精心辅导，但由于我成绩不够理想，第一次面试学校决定不录取我。但冯老师鼓励我不要放弃，一方面继续挖掘我的潜力和特长， 比如舞蹈方面，另一方面在副校长面前对我进一步全方位推荐，让我最终有机会在成绩低于该校标准的情况下破格录取，我本不想分享我的这个小秘密，但只希望同学能够像我一样坚持不放弃，我一定加倍珍惜这来之不易的机会。

另外，我第一次签证被拒，冯老师凭借他丰富的经验和专业知识，为我做了三次签证辅导和一次模拟面试，并对我模拟面试回答不好的问题从内容和语音语调帮我一个一个纠正，最终让我第二次通过签证。冯老师的专业、美高的人脉自然不用多说，此外冯老师教导我不要以为拿到录取和签证就万事大吉，并指导我如何继续努力来适应未来的美高学习和生活。

——Bingbing，广州一所国际学校的中学生

我们在今年 2 月 12 日才找冯教授帮我们申请美高，在我们孩子成绩普通，没有任何特殊才能及获奖，甚至由于疫情没法考 SSAT 的情况下，仅仅用了不到一个月的时间，在今年（2020 年）申请形势最难的一年，3 月 10 日为我孩子收获了两所录取，其中包括排名 50 多的印第安泉。而我孩子的同班同学，各项成绩比我孩子好，早就考过 SSAT，由国内顾问提前一年帮助准备，并且由具有博士学位的父母带着孩子亲自去印第安泉访校和面试，在 3 月 10 日只是收获等待。这个鲜明对比让我对冯教授在美高的人脉以及对美高录取的准确把握十分佩服。

——Mr. Zhu，浙江杭州一所私立学校学生家长

非常感谢纽约环球，你们的精英团队和专业服务让我一个普通的上海外国语大学的学生拿到了哥伦比亚大学和宾夕法尼亚大学的录取和奖学金。同时，也

非常感谢冯老师对我在职业规划方面的帮助和辅导。

——Liwen，上海外国语大学的学生

我毕业于北京联合大学，GPA：2.75，TOEFL：96，GMAT 最高分只有590，我从一开始对申请纽约地区财务类专业研究生的毫无信心，到后来在纽约的圣约翰大学，德州大学等 4 个 Offer 中挑选，全靠纽约环球全方位的帮助和个性化的服务。当我事后得知，我在 GMAT 语文部分成绩不满足德州大学最低标准的情况下获得录取，是由于留学顾问从我的角度主动向校方努力解释，并主动向校方提供了一封解释我低分原因的信。我十分感动也十分感谢！

——Miss Hou，北京联合大学的学生

The trip lasted two weeks and Mr. Feng was present and enthusiastic in every aspect of each day. One highlight of the trip was meeting students and immersing in daily life at our sister school in Shanghai. Here, I was able to see the wonderful education system in Shanghai with thorough attention from Mr. Feng. Mr. Feng gave me the opportunity to address the school assembly in Mandarin, something I was able to do because of the confidence gained in my daily classes. Additionally, I was exposed to daily life in Shanghai when I was invited to live with a student and her family for five days. I formed a strong bond with her host, Angel and Angel's wonderful parents.

——Laura，美国 St. Luke's 高中的学生

The students lived in their host families, went to school and had lessons together with the host students. They had a full experience with their school life and family life. We teachers exchanged ideas with the teachers there. We also observed a physics lesson, an anatomy lesson and a chemistry lesson. We watched an excited basketball game and attended their weekly Town Meeting. Our students also performed a classic Chinese song and Taijing Kongfu. The students also taught the American students how to tie a Chinese lucky knot and how to play Taijing Kongfu. Mr. Feng also took us on a trip to New York City, where we went sightseeing on Fifth Avenue and saw the marvelous exhibits at Museum of Modern Art. This was really an amazing trip.

——Ms. Liu，上海东昌中学的英语老师

"Richard Feng has written an invaluable insider's guide to American private high school education. Rich with diverse insights from his bridge-building career as an educator in China and the United States, this book provides a wonderful toolkit of skills-- empathy, resilience, communication and leadership--for a rising generation of global citizen-leaders in the 21st century!"

—— Timothy Patrick McCarthy, Ph.D., Harvard University

"For all the years I have seen applicants from China, it is always the most knowledgeable consultant with a clear understanding of the ever changing admissions landscape who will be successful in advising students. Mr. Feng has an uncanny awareness of what it takes for an applicant to be gain admission and be matched with the school which is appropriate for each student. He has written an enlightening insider's book, lively and loaded with real examples and facts. For those applying to private schools in America, this will be the most valuable book you can read."

——Dr. Parnell P. Hagerman, Former Dean of Admission at Hotchkiss School and Deerfield Academy

"American education has both a classical and innovative approach to preparing for college and for careers in a fast-changing world. At Vermont Academy, we want our students to feel comfortable and at home while receiving the top education possible. Mr. Feng increased the Asian enrollment of Vermont Academy 8 times within one year. He knows how to recruit the best students that fit in well. As the director of international admissions here, he always provides international families with first-hand information and the most effective help and support. Once the students arrive, he is a phenomenal resource for them to thrive. Anything you would need to know to be accepted into top American private schools can be found in this very detailed, very specific volume. Mr. Feng knows what he's talking about."

—— Dr. Jennifer Zaccara, Head of Vermont Academy

06 Glossary
词汇表

ACT:

全称"American College Testing"，中文名称为"美国大学入学考试"。它是美国大学本科的入学条件之一，也是奖学金发放的重要依据之一，由 ACT INC 主办。

ACT 考试包括五个部分：英语、数学、阅读、科学以及作文（选考）。ACT 考试是美国唯一包括科学科目的大学入学考试。每一道 ACT 考题都经历了 12 个步骤的研发和命题过程，确保测量的准确性和可靠性。

Advisor:

学生导师，美国私立高中普遍实行导师制度，一般一位老师负责 3 到 8 个学生不等，主要帮助学生选课，协调学校各种活动，思想教育和性格培养等等，有点类似国内的班主任。

AP:

AP 全称 Advanced Placement，中文名称为美国大学预修课程，适用于全球计划前往美国读本科的高中生。由美国大学理事会（The College Board）主持，AP 成绩不但可以抵扣成功申请美国大学的同学入学后相应课程的学分，而且 AP 成绩也成为美国各大学录取学生的重要依据。

Boarding school:

美国历史上培养精英的寄宿学校，美国有四五万所中学，但寄宿学校只有三百多所，主要集中在美国的经济、金融、科技、教育和文化中心的东北部新英格兰地区。

Boarding School Fair:

寄宿学校展会，各个学校的招生办主任以及其他校方代表参与的展会。校方在展会上通过各种资料宣传各自学校，而学生和家庭则通过展会了解各个学校。

College Fair:

大学的展会，也就是寄宿学校展会的大学版本。

College placement/matriculation:

学生的大学走向，选择私立高中的重要标准之一。

Common application:

通用申请（英语：Common Application），简称 Common App，一个用于申请美国 517 所高等院校（包括 47 个州和华盛顿特区），奥地利、法国、德国、意大利、瑞士、英国等海外国家以及中国大陆部分中外合作高校的应用网站。

CSS:

全称就是 Character Skills Snapshot。性格测试，已经渐渐成为录取中学新生的标准之一。

Day school:

走读学校，就是跟寄宿学校构成了美国私立学校的主体。走读学校数量远远大于寄宿学校，顶尖的走读学校跟顶尖的寄宿学校学术上同样优秀。

Dorm parents:

寄宿学校里管理寄宿学生的教职员工，有点类似于国内的宿管员。

Early decision（ED）：

美国的一些大学为了吸引优秀生源的行动，就是你只可以选择一所 ED 的学校，一旦录取，按照合同就得去这个学校，即使后来有再好的学校录取，也不可以考虑了。通常 ED 的截止日期在 10 月中旬左右，一般 12 月份就知道结果了。

Enrollment:

就是学生登记、注册的意思。

ESL:

全称是 English as the Second Language，就是英语作为第二语言。很多寄宿学校都有 ESL 项目，帮助国际生过渡。也有一些要求高的顶尖的寄宿学校，没有 ESL。

FA:

全称就是 Financial Aid，就是奖学金的意思。

Feeder school:

生源学校，就是传统上为一些学校提供生源的学校。

Field trip:

实地考察，美国私立学校有各种各样的 field trip。

Gateway:

美高申请平台之一，其他还有 SAO 和 TABS。

GPA:

全称 Grade point average，就是学生在校的平均成绩。最常见的两种是 1 到 100 分制的和 4 分制的两种。

Harkness table:

Harkness table，中文译成哈克尼斯圆桌，在这圆桌基础上创造的哈克尼斯圆桌教学法主要让学生积极主动参与课堂讨论和学习。在师生比比较高的学校，这种方法对培养孩子独立思考有一定的优势，这种教学法始创于 Phillips Exeter。

Honor:

这个词是荣誉的意思，在美高常见的有 Honor Class（荣誉学生）、Honor student（荣誉学生）等。

Honor Committee:

在好的美高一般有由学生和老师共同组成的 Honor Committee，主要是帮助学校把关学生的行为。比如如果有学生考试作弊，就要经过 Honor Committee 开会决定该学生的去留。

Independent study:

简称 IS，就是学生根据自己喜欢的课题，在相关老师辅导下，独立完成学习和研究，一般在学期末要做论文答辩。

Inquiry form:

就是学生信息咨询表，申请人一般从填写 Inquiry Form 开始申请的第一步。

Interview:

面试。美高面试通常有校园面试和 Skype 线上面试两种，当然也有招生办主任出差时在当地宾馆大厅给孩子的面试。

Love letter:

一般指完成申请后，学生或者家长给学校招生办写的一封对学校表达爱意和衷心的信件，我们招生办统称为"Love Letter"。

NGO:

非营利组织，比如世界上最著名的 NGO 就是联合国。NGO 的全称是 Non-profit organization。我们招生办通常会考虑学生在 NGO 的实习，是加分项。

Parent volunteer:

父母志愿者，申请中的加分项。就是家长有为学校充当志愿者的意愿。

PG:

全称是 Post-Graduate，我们通常称为 PG Year。有两种 PG，一种是已经准备了大学升学，但结果不够理想，希望在 Senior 再读一年；还有一种根本不申请大学，就打算好多读一年，以期更好地适应大学生活。

Preppy style：

主要是指美国的家境优越、读私立预科学校（prep school）、准备进入或者正在就读精英大学比如常春藤名校的美国青少年，从着装和气质上透露着"受过优等教育""社会未来精英"等特点。

Prom：

在美国和加拿大，prom（promenade 的简写形式）指为中学生举办的正式舞会或聚会，通常在高中学年即将结束时举行（所以很多地方都译作"毕业舞会"）。

Reinstate：

被美国学校开除，或者其他原因被迫转学，I-20 过期，学生身份失效，这个时候就需要 Reinstatement I-20。也就是通过新的接收学校把 I-20 通过转化到新的学校而使其继续生效的一个过程。

Rubric：

美国学校里爱使用的评分标准，为了尽可能使评分趋向于客观。

SAO：

美高申请平台之一，其他还有 Gateway 和 TABS。

SAT：

SAT 是由美国大学委员会（College Board）主办的一场考试，其成绩是世界各国高中生申请美国大学入学资格及奖学金的重要参考，它和 ACT（American College Test）都被称为美国高考。

SAT Subject:

SAT 是由美国大学委员会（College Board）主办的一场考试，分为不同的学科。

SSAT:

SSAT，全称 Secondary School Admission Test，中文名称为美国中学入学考试，适用于美国、加拿大私立中学的入学，是申请者所必须具备（或者建议考的）一个考试成绩。至于必须还是建议考，不同学校有不同规定。主要测量学生的数学、语文以及阅读理解能力，考察考生的逻辑思维和发展潜力。由 Admission Test Board 命题。

STEM:

STEM 是科学（Science）、技术（Technology）、工程（Engineering）、数学（Mathematics）四门学科英文首字母的缩写，其中科学在于认识世界、解释自然界的客观规律；技术和工程则是在尊重自然规律的基础上改造世界，实现对自然界的控制和利用解决社会发展过程中遇到的难题；数学则作为技术与工程学科的基础工具。STEM 是美国私立学校中常见的一个名词，有些学校专门设置 STEM 项目。

Student Ambassador:

中文可以叫作"学生大使"，其实主要是指帮助招生办带参访申请人参观校园，以学生的身份回答学生和家长问题的在校生。

TOEFL:

托福是由美国教育测验服务社（ETS）举办的英语能力考试，全名为"鉴定非英语为母语者的英语能力考试"，中文由 TOEFL 而音译为"托福"。

Varsity:

校运动代表队，一般代表校某项运动最高水平。比如 Varsity Tennis 就代表校网球最高水平的球队。

Junior Varsity:

校运动代表队第二梯队，一般代表校某项运动第二梯队水平。比如 Junior Varsity Tennis（简称 JV Tennis），就代表校网球第二梯队水平的球队。

Warmed over prep:

在不同大学预科学校里转学的学生。

Weighted:

就是对于选择较难课程（比如荣誉课程、AP 课程等）学生的成绩适当加分的这种政策。

Waiting List:

指没有被直接录取的学生，但同时申请人又很强，学校不愿意直接拒绝，于是放在等待名单上，如果日后有其他录取的学生没来或者其他原因学校有多出来的位子，在等待名单上的学生有可能被录取。

Yield:

就是已经被录取的学生跟到该校报名注册学生的比例。很显然，越是竞争激烈的学校，Yield 越高，反之亦然。